国語教育革新の視点

――「学び」を通して、人間として生きる――

田近洵一 著

東洋館出版社

まえがき

かつて、高校生が万葉集の防人の歌を読んで、防人に行かねばならぬ防人や、後に残された者たちのつらい思いを想像するとともに、現代の日本に生きる自分たちの直面する問題と重ねながら、当時の民衆の置かれた境遇への思いを深めていったという実践、これは、昭和二八（一九五三）年、都立西高等学校における荒木繁による実践で、東大新聞でも取りあげるほど注目されたが、その発表の場にいた西尾実は、それを「問題意識喚起の文学教育」として意味づけして、歴史に位置づけた。古田拡は、その西尾の考えを引き継ぎ、東京・三鷹市を中心とした研究会「鷹の羽会」に拠る小学校の教師たちと、子どもの問題意識を生かした読むことの学習の実践的研究を深めていった。また、西尾・古田・荒木などの所属する日本文学協会に所属する教師たちは、子どもの問題意識を学習に生かす〈読み〉の学習指導の研究と取り組み、実践的な研究を展開した。

東大新聞が荒木実践を取りあげることにかかわった草部典一は、東京都の高等学校を中心に課題学習を強く打ち出していた増渕恆吉と仕事を共にしながら、一九八〇年代、試験学力が益々重視されるようになった中で、問題解答人間ではなく、問題発見人間を育てなければならないと強く主張していた。私自身も、草部と時代を共有しつつ、学びの過程における、学び手の主体的な問題意識を掘り起こし、「問い」の形で追究の柱にすることの重要性を強調していた。

荒木実践やそれを受けた先輩たちの苦労と厳しい論議を振り返ると、軽々しく「問いを立てる」と言ってはならないとは思う。それは、あたかも試験問題を予想し、それに適応する能力をつけるもののように見られる節があるからだ。しかし、〈読み〉の行為において、一人の読者の内に生まれるのは、決して試験に対する答案のような、正解を求めてのものではない。一人の人間としての素朴な想いであり、想いに根ざした未知なるものへの疑問や、矛盾・相克に対する心理的な葛藤に根ざしたもの。事象に対する主体の想いをはっきりさせるには、それを「問い」の形で意識化することが大事なのではないだろうか。

素朴ながらも、まずは内なる思いを「問い」の形で意識化すること、それ自体が、読むという行為であり、学習内容なのだ。そして、その「問い」を追究すると共に「問い」そのものを自ら振り返り、問い直すところに新しい世界が生まれてくるのではないだろうか。

「問い」こそは、学びの要（かなめ）となるもの、しかも、その「追究の過程」に働く力こそが、「読み」の力であり、学力だとするなら、問題追究・問題解決の過程を明確にすることこそが、実践研究の中心課題なのではないだろうか。文学の読みの学習だけではなく、情報の読み（情報生産）の学習も、また作文学習も、自ら「問い」を立てること、そこに立脚点を置いて、実践のあり方を追究して行く必要があるのではないかと考えている。

「問い」を立てると、言葉で言うのはやさしいが、その「問い」とはどのようなものか、そもそもどうしたら「問い」が生まれるのか。教材に即し、実践を通して、その可能性を掘り起こしていく。そこに現場における実践研究の今日的課題があると言っていいだろう。教育現場に立つ人にして、初めて本格的に研究の対象とすることのできる課題でもあるのだ。

本書の書名に「創造の過程」という文言を入れた。時代の要求に応えつつ、時代に流されることなく、何が明日への課題なのかを見通して、追究し、創造していく。教室こそは、言語活動を通して、本書が、そのような場になり、いささかなりともそのような明日への課題を見出していく場になれば幸甚である。

目次

二、国語科革新の視点――学習の内容・方法を問い直す　81

三、学力論の新視点――明日をのぞむ学力観の構築　147

一、「国語」の授業改革

——「問い」を立て、追究する

1 「問い」を立て、追究する説明文の読み

1 追究としての「説明文の読み」

「書くこと」にしても「読むこと」にしても、その学習は、問題を捉え、追究し、自分の考えをまとめる（一つの意味世界を生成する）といった、過程的行為として成立する。「深い学び」という文言の意味をそのように受け止めるなら、それは国語学習の本質的なあり方にかかわる重要な提言だと言っていいだろう。

端的に言って、「深い学び」とは、追究のある学びである。追究活動を展開する契機は、内なる「問い」にある。「問い」を立て、追究する過程、その全体が授業である。

「問い」を立て、それを解決すべき課題として認識・思考の活動を展開し、最後に一つの意味世界を創出する。そのような追究の過程を「学び」の過程とするのが、読むことの領域における「深い学び」である。そこで、問題になるのは、「問い」とはどのようなものかということである。

2 説明文の読みにおける「問い」

(1) 初読（読み進め）の段階の反応、そして「問い」

初めてその文章を読むと同時に生まれる疑問には、素朴ながらも未知との出会いに生まれる、初読だからこそ

の疑問がある。読みながら初めて知ったことと同時に、よくわからなかったことを、本文にサイドラインを引いたり、ノートにメモしたりしておくとよい。

一読、二読とくり返し読んで、それでも疑問として残ったことをノートに整理するようにする。クラスでの学習活動は、それぞれの疑問を出し合い、確認し合うところから始める。そのためには、カードに書いたものを、それぞれが黒板の上にはって、カードを動かしながら疑問点を整理するというような活動も考えられる。黒板の上で、たくさん出てきた疑問を、K・j法によって分類・整理するのである。

情報文（説明文）の読みの学習では、次のようなことが確かめられれば「よし」としていいだろう。

① どんなことがわかったか。
② どんなところがおもしろかったか。
③ よくわからなかったことはどこか。
④ もっと調べてみたいことはどんなことか。

ここまでの活動は、子どもにとっては、たのしく、おもしろいはずなので、できるだけ、全員参加できるような学習活動を設定するようにしたい。

(2) 再読段階の「学習読み」

次の再読の段階をどうするかが、説明的文章の学習の成果を左右する。

再読の段階の活動で、その後の学習活動のあり方は、大きく、次のような二つに分かれる。

A　文章分析的な読み
　文章構成を分析し、説明あるいは論述の展開をふまえて、要旨、あるいは論旨を明確にする。

B　情報収集・活用的な読み
　情報を収集し、それを情報源として、問題解決に活用する。

　わが国の国語教育界では、大正期以降、解釈学の影響下で、通読・精読・味読による三読法がやられてきたが、昭和三四（一九五九）年刊の永野賢の『学校文法文章論』の刊行以降、それがきっかけとなって、文章構成や段落間関係などに関心が集まり、文章を対象とした読みは、段落構成の分析に重点を置いた文章論的読解が主流となってきた。

　情報提供者の意図を読み取る上でも、文章論的分析は大事なのだが、しかし、読むという行為は、本来、そこから何らかの情報を得ようとするものであって、文章分析的な読みは、特に難解な文章の趣旨を読み取るため、あるいは、その読み取った情報の正当性を保証するためのものであるはずだ。

　では、その情報収集から、情報活用、再生産の読みとは、どのようなものだろうか。それは自然な読みの行為であって特にむずかしく考えることもないのだが、しかし、情報化時代の読みは、だからこそ、与えられた情報を鵜呑みにすることなく、未知の情報に好奇心を寄せるとともに、それをも批判の対象として、対他・対自の問題意識を呼び起こしながら読んでいくことが大事になってきている。

　読者は、自分にとっておもしろいことに、好奇心を寄せるとともに、曖昧なこと、よくわからないことを自己確認しようとしていくのである。

そこで、教室では、次のような点で、話し合うようにしたい。

① おもしろいのはどういうところか。なぜ、そこがおもしろいのか。
② よくわからないところはどこか。また、疑問に思うのはどういう点か。
③ さらに知りたいこと、調べたいことはどんなことか。
④ 筆者（情報提供者）に言いたいこと、あるいはたずねたいことは、どんなことか。

3 追究の起点としての「問い」

右にあげた四つの問いは、小学校低学年の児童にとってもむずかしいことではない。しかし、高学年になったら、提供された情報に対する受け手の立場で、次のような受け止め方で「問い」が出て来るようにしたい。

a、—とは、どういうことか　＝情報の受容・確認に関する「問い」
b、—とは、どういう意味か　＝情報の解明・解釈に関する「問い」
c、—ということに、間違いはないか　＝情報の検証・検討に関する「問い」
d、—について、どう考えたらよいか　＝情報の批評・評価に関する「問い」
e、—に関して、ほかにどのようなことがあるか　＝情報の探索・発掘に関する「問い」
f、—について、どのように説明したらよいか　＝情報の再生産・発信に関する「問い」

特に、情報の解明・解釈と批評・評価に関する「問い」が、重要である。

また、一つの情報テキストから、更に情報探索の目を広げるような**発展的な「問い」**も重要である。

4　追究としての単元学習（説明文の場合）

国語科の場合は、書くことの学習も読むことの学習も、活動は、追究の過程として成立するが、その追究を、最も意識的に、そしてダイナミックに展開するものとして単元学習がある。

単元学習は、一つの課題を解決するために関連情報を収集し、活用しながら追究し続ける過程的な行為として成立する。そこでは、次のようなことが問題になる。

(1)　情報生産型の読みでは、何が問題になるか

起動教材の設定から、情報活用・情報発信まで

a、どのような課題を設定するか。そのために（課題意識を呼び起こすために）どのような教材を「起動教材」とし、どのような課題を引き出すか。

b、課題解決のために、どのような文章（言語資材）を情報テキスト（情報源）として収集するか。

c、情報テキストに対して、どのような情報収集・情報活用活動を展開するか。

d、どのような情報発信活動をもって、最初の課題に応えるか（どのような情報発信活動を展開したらよいか）。

この過程で、最も問題になるのは、教材文に対する読みである。教科書を中心に単元学習を成立させるきっかけは、教材文の読みにある。教材文を読むことが、新たな問題追究活動、あるいは情報収集活動の契機となるような読みが、教科書教材を手がかりとした単元学習成立の鍵となる。そのためには、教材文を通して更に追究すべき問題（課題）を掘り起こさなければならない。

そして、課題を柱として、足りない情報があれば、教材以外の資料をも情報源として情報を収集し、再構成して、新聞やリーフレットなど、様々な形で再構成し、発信（発表）するのである。

課題を柱として、どのような情報を取り出すか、また情報テキストとして問題はないか、さらにどのような関連情報が必要かなど、情報価値を発見し、取り出して、課題を解決し、情報の再生産に生かす——このような課題を解決するために、新たな情報を求め、追究し続ける過程は、まさに「深い学び」の実践の場だと言っていいだろう。

(2) 第二ステージとしての発展的活動

追究としての単元学習が、最も分かりやすい形で展開するのが、最初の教材文の読み（第一ステージ）で捉えた課題を、発展的な活動（第二ステージ）で追究し、情報生産活動に展開する形の単元学習である。

第二ステージとしての活動には、まず、発展読書がある。それは、例えば、文学領域の教材文の読みが一段落した後、その教材文の作家に興味を持ったら、第二ステージとして、更にその作家のものを読んで、その特質について考えるといった学習である。

また、第二ステージの活動としては、教材文の読みを土台として、それを朗読・群読や劇や紙芝居などの表現活動に展開するといった、発展型の活動も考えられる。いずれにしても、活動を支えるのは、学習の進展とともに生まれてくる課題意識であり、それを追究するところに単元としての学習が成立するのである。

①　ものの見方を追体験する「読み」の学習

教材文を読んで、筆者のものの見方・考え方（発想）を読み取り、その読み取った筆者のものの見方・考え方を借りて、自分でも物事を見てみる。つまり、読むとは、筆者のものの見方を学び、それを自らのものとして、外界の物事を捉える――といった活動ではないだろうか。

例えば、既にやられていることだが、次のような活動が考えられる。

例１「アップとルーズで伝える」（中谷日出、光村小４）

教材文の読みを土台に、学校や地域のことなど、自分の身のまわりの事実をアップとルーズで見て、気がついたことを、写真などを使って発表する。

例２「ぼくの世界、君の世界」（西研、教出小６）

自分だけの世界は伝えようとしない限り誰にも分かってもらえないのだから、人は伝え合うための努力を始めるのだという西研さんの考えを読み取り、そのような西研さんの目で見たらどんなことがあるだろうかと、自分の生活をふり返ってみて、考えを発表する。

②　複数教材による単元学習

課題を柱に追究活動を行うところに成立するのが単元学習である。だから、複数資料が先にあるのではない。しかし、どのような言語資材を情報資料とするかによって追究活動の性格が違ってくるから、情報資料の側から単元のあり方を考えておくのも大事なことである。特に、どのような複数資料（複数教材）を情報源とするかは、情報活用活動のあり方を左右することになる。そこで、どのような複数資料を教材とすることで、どのような単元学習が成立するかを整理しておこう。

＊　様々な複数資料＝（鬼を題材とした複数の本を資料とする例）

ａ、補助のための資料
　補助資料で、情報の不足を補ったり、曖昧なところを確かめたりする。
　（桃太郎の話は、どのように語られているか）

ｂ、情報を拡大するための資料
　複数資料から、関連する情報をできるだけたくさん取り出し、一つにまとめる。
　（どんな鬼の話があるか）

ｃ、比較するための資料
　複数資料を比較し、差異化して、それぞれの資料の特質を明らかにする。
　（昔話の中の鬼と、童話の中の鬼とはどんなところが違うか）

ｄ、共通点あるいは相違点を取り出すための資料
　複数資料から、共通点、あるいは相違点を取り出し、考察する。
　（どのような鬼が語られているか）

ｅ、普遍的なものを明らかにするための資料

関連情報を精査し、そこに共通する真理を追究する。
（語り手のどのような思いが表れているか）
（鬼を主人公にして、どのようなことが語られているか）

単元を通して何かを追究するには、どうしても情報資料を探索するところから始めなければならない場合が多くなるだろう。それは大変かもしれないけれど、せめて関連する複数教材での追究活動ぐらいは設定したいものである。

２　「問い」を立てる

――説明文（情報テキスト）の場合

１　説明文教材の読み

(1)　情報受容の読み

説明文教材は、言語的な分析の対象とする場合は、「説明的文章」であるが、そこから何らかの情報を得ようとする場合は、その読者にとっては、「情報資料」、あるいは「情報テキスト」である。

学習活動においては、まず、どのような視点から文章（教材文）を読むかを明確にしておかなければならない。情報受容の主体としてテキストを読む場合は、テキストを情報源としてとらえ、自分にとってどのような情報価値があるか、どのような情報源として生かせるかを、読むのである。

情報収集活動としてのテキストの読みにおいて、読み手は、情報の受容者でありながら、批評者でもある。即ち、情報の正確な受容を前提としつつ、自分にとって価値ある情報は収集し、不適切な情報は排除し、さらに問題のある情報については、批判しながら読み進むのである。

(2)　情報活用の視点

情報受容活動において、読み手は、情報源としてテキストをとらえる。彼は、情報の受容者でありながら、批評者でもある。情報テキストを批評しつつ、自分にとって価値ある情報は収集し、不適切な情報は排除しつつ読み進むのである。

既に、上で述べたことだが、説明文教材は、言語的な分析の対象とすると「説明的文章」であって、段落や文章構成などが問題になるのだが、そこから何らかの情報を得ようとする読者にとっては、情報テキストということになる。その時、学習者は、情報テキストの読み手として、新しい情報を得ようとして読むのである。

(3) 情報テキストの読み

では、情報テキストを読みの対象として、どのような「問い」が立つだろうか。説明文を、情報テキストとして見て、それを読みの対象とするとしたら、その読者としての学習者は、どのような「問い」を立てるだろうか。

その課題に応えるには、ごく普通の情報テキストの読み手として、情報内容をめぐってどのような疑問を持つかを考えてみるとよい。情報にかかわる「問い」は、、そのまま情報活用に生かされ、情報生産を充実させることになるだろう。

繰り返す。説明文を情報テキストとして読む場合は、学習者にとっては、どのような目で教材文を読むかが、学習活動のあり方を左右する。即ち、

情報テキストの読みでは、「問い」を立てること自体が、学びの要（かなめ）である。

と、考えなければならない。そこで、以下、情報受容者の立場から考えておくべきこと、即ち情報テキストを読みの対象として、どのような「問い」が立つかについて確認しておこう。

2 「問い」を立てる

(1) 情報テキストに対する「問い」

説明文を情報受容の対象として見て、それを読みの対象とするとしたら、その読者として、どのような「問い」を立てたらいいだろうか。

その課題に応じるには、ごく普通の情報テキストの読み手として、情報内容をめぐって、どのような疑問を持つかを考えてみるとよい。情報にかかわる「問い」を持つことは、それ自体、情報受容活動であり、そのまま情報活用に生かされ、情報生産活動を充実させることになるだろう。

説明文を情報テキストとして読む場合、学習者にとっては、どのような視点で教材文を読むかが、学習活動のあり方を左右する。上で述べたように、「問い」を立てること自体が学びの要なのである。学習者は、情報受容者なのであって、以下、その立場から考えていくべきことを確認しておこう。

(2) 情報受容の意識

記録文も説明文・解説文も、あるいは論説文・評論文も、読者にとっては「何かを知りたい」と思うから、読みの対象となる。

何かを知りたいと思う上で、まずは、読めない文字、意味のわからない言葉（単語、熟語）など、言語的抵抗があったら、それも「問い」の対象にはなるだろう。言語的抵抗は、辞書の力を借りれば良い。その上で、情報テキストの読みで出てくる「問い」が、学習活動として追究活動を触発する価値のある「問い」だ。

一般の読者は、説明文を情報を得るための情報テキストとして読む。したがって、最も普通に出て来る「問い」は、当然のことながら、提供された情報の内容に関する「問い」であろう。

では、説明文の読みで、情報内容に関する「問い」としては、具体的にどのような「問い」が立つだろうか。次に、予想させる「問い」をあげてみよう。

情報テキストに対する「問い」

1、あいまいなところがあるので、もっとくわしく、そして正確に知らせてほしい。
2、むずかしくて、よくわからないので、もっとわかりやすく知らせてほしい。
3、何に基づいた情報か。情報の出所を明確にしてほしい。
4、どのような根拠のある意見なのかが、よくわからない。意見の根拠を示してほしい。
5、提供された情報（あるいは意見）がわかりにくい。図説や写真などを交えて説明してほしい。
6、調査の結果から、どういうことが言えるか。どんな参考意見があるか、知りたい。

なお、情報テキストの読者としては、さらに、情報提供の文章として、どのような問題があるか、また、どうしたらよいかなど、文章批評的な目でも見ておくようにしたい。

(3) 情報提供者の立場の確認

上に述べたのは、情報の受け手の立場からの「問い」であるが、読み手（情報の受け手）は、情報を受けたところで、具体的にはどんな「問い」を発するだろうか。そのことを自分の問題として具体的に考え、受け手の立場を考えて、情報を提供する。

情報提供者の立場に立つには、発表内容を確認した上で、情報の受け手（情報受容者）の立場から、どのような点について、どのような質問が出るかを、想定しておく。その上で、情報提供者としての立場を確認して、発表内容を確定する。

情報提供者としての立場の確認

1、レポーターになる。――レポーターとして、十分説明できるか。よくわからないところはないか、確認する。
2、コメンテーターになる。――情報テキストとしてよいのはどんなところか、問題点はどんなところかなど、批評しながら説明できるか、批判的に検討する。
3、共同研究者になる。――どのような意図のもと、どんなところに視点を置き、またどんなところに重点を置いて、どのような苦労をしながらまとめたかを、ていねいに説明できるか、検討する。

(4) 情報受容の視点の確認

情報テキストの読み手は、情報の受け手としての自分の立場を仮に設定することで、どんな「問い」を立てるかが具体化されるが、どのような立場に立とうと、情報の受け手として、次の三点は、しっかりと確認しておかなければならない。

情報受容の確認

1、事柄(内容)の理解――わかりやすく説明できるか。

〇〇〇　というのは、何か。（どういうことか。どういうわけ）

2、理由（根拠）の理解

〇〇〇　というのは、なぜか。（どういうわけか）

3、具体例（事実）の理解

〇〇〇　とは、具体的にどんなことか。

発表者は、自分の発表内容を、しっかりと確認しなければならない。そのためには、情報の受け手として、質問者の立場になってみるのが、効果的である。発表の聞き手としての質問者の立場を考えて、どんな「問い」に対してどのように答えていくかを確認することで、自分の発表内容をしっかりさせていくのである。

参考資料

「問い」を立てる――説明文（情報テキスト）の読みの場合

どのような「問い」が立つか――情報を受け止める立場から

教材文を、テキストとして活用するにあたり、どのような「問い」を立て、どのように生かそうとしているのか――自分の立場を確認する。

（1）情報受容としての「問い」

1　内容に対する「問い」
・とは、どういうことか。
・説明＝分かりやすく言うと、どういうことか？
・要約＝まとめて言うと、どういうことか？
・言い換え（リライト）……について、もっと詳しく知りたい。
（言い換えると、どういうことか。）

2　理由（根拠）に対する「問い」
・というのは、なぜか？
・という、その根拠は？（コメント）

（2）**情報検証**としての「問い」

1　内容に対する「問い」
・ということに、間違いはないか。
（提供されている情報は、事実に即しているか。提供の仕方に曖昧なところはないか。）
・ほかに考えられることはないか。
・というだけで、情報として不足はないか。

2　理由（根拠）に対する「問い」
・という理由付けは、それでいいか。

（3）**関連情報**への「問い」

1　ほかに、同じようなことはないか？　もっとほかのことも知りたい。
・その話題で、ほかにどんなことがあるか。
・どこが、同じか（どこが似ているか）。
2　筆者の目で見たら、ほかに、どんなことがあるか。ほかに、どんなことが言えるか。

(4) 情報資料への「問い」

1　他の資料（文献）では、どうか。
・ほかの本（文献）では、どうか？　（ほかの文献も読んでみたい。）
2　その話題で、ほかに、どのような資料（文献）があるか。
　複数文献の比較。
・文献による情報の相違点と共通点とを明らかにする。
・複数文献から情報を収集・補充する。

(5) 情報批評としての「問い」

1　この文章で、おもしろいのはどんなところか。どんな感想を持ったか。
・どうしてそのような感想を持ったのか。
2　その情報内容について、どう思うか。
・情報として、足りないことや間違っていることはないか。
・その筆者の述べていること（考え）について、どう思うか。
3　筆者のものの見方に関して、どう思うか。

・その筆者とは違う、別の見方はできないだろうか。

（6）**筆者想定の「問い」**

1　この筆者は、どんな考えの人だと思うか。

2　この筆者は、どのようにして、この文章を書いたと想定できるか。

付記（私的な回想）

既に、半世紀も前のことになるが、倉沢栄吉氏を中心に香川国語教育研究会（香国研）と東京・中学校国語教育研究会（中学校・青国研）とが、説明文の筆者を想定する読みの教育を「筆者想定法」として開発し、それぞれの実践事例を研究書にまとめて刊行したことがあった。香国研には野田弘、青国研には大村はまといった実践的リーダーがおり、筆者想定法による学習材や学習活動の開発には注目すべきものがあった。それは、説明文を生み出した筆者の活動、具体的には筆者がどのような情報収集活動や調査研究活動をしたかといったことを想定するというものであった。私も、両方の研究会に参加しており、「筆者想定」が、筆者研究や作家研究ではなく、言うならば情報発信者の情報制作過程の想定活動であるところに教育的意味があるということを学ばせられた。

・香国研　野田弘編著『筆者想定法による説明的文章の指導』（新光閣、一九七〇）
・青国研　倉沢栄吉著『筆者想定法の理論と実践』（共文社、一九七二）

3　「問い」を立て、「追究する過程」としての学び（文学の読みの学習）

視点 ―― 意味世界生成の契機となる「問い」

〈読む〉とは、読者にとって、一つの意味世界を生成し、新しい価値を創造していく行為である。その意味世界生成の読みのきっかけとなるのが「問い」である。

読者自身、わが内なる「問い」を意識化するとともに、教室の人間関係の中で、その問いを、自ら問い直していかなければならない。即ち、その〈読み〉が、読者の主観を超えるには、他者の〈読み〉との出会いをくぐり抜けなければならない。

それができるのが、教室という人間関係の中に成立する授業である。授業における読むことの学習の価値は、意味生成を活性化するとともに、主観的な〈読み〉を克服するところにある。

1　〈読み〉を生み出す「問い」

すべての学習は、課題の追究行為として成立するが、その起点となるのが「問い」である。「問い」は追究としての学びの契機となる。なかんずく、ことばとかかわって、その意味を問う意味生成の〈読み〉において、「問い」は、その発条（ばね）となる。

「問い」を意識したとき、読者は、その文章（＝テキスト）が何を意味しているか（その文脈にどのような意味があるか）を自覚的に明らかにしようとする。すなわち、「問い」を視点として、読者は文章の展開を意識の対象として、それに意味を与えるのである。

読者は、読むことで、読者の内に一つ文脈を生成し、自分だけの意味世界を創出していくのだが、その契機となるのが「問い」である。「問い」は、すべての追究行為の原点となる。

2　読者の想い（意識）と「問い」

国語科の授業では、本時の学習課題を、最初に教師が黒板上に示してから始める場合が多い。児童生徒の学習へのモチベーションを高めるために、最初に課題を明確にするわけで、それは、課題の追究・解決を柱とする授業の基本的なあり方であるように考えられているようである。

しかし、課題は、教師によって与えられるものではない。学習における課題は、学習者が自ら問題として発見し、それをもとに自ら解決すべき問題（＝問い）として（あるいは実践すべき活動として）自らに課したものである。

「問い」として設定する学習課題は、学び手の内側から引き出されるものでなければならない。〈読み〉の学習において、「問い」の根底にあり、追究の原動力となるのは、読者の想い（興味・関心）であり、問題意識である。教師は、学習者の想いや意識が何に向かっているかをとらえ、それを掘り起こしてやらなければならない。

できたら、学習者自身に、読者として作品のどこに心惹かれているか、何に問題意識を持っているかを自覚させ、その上で「なぜ、そのことが心に残るのか」「そこに問題を感じるのはなぜか」などを考えさせるようにしたい。

教師は、読者としての想いや意識を、物語の意味を問う「問い」の形にしてやるようにしたい。学習者の想いや意識を「問い」の形にして学習者に返してやる――それは授業設計者としての教師の責任なのである。

3 「問い」の意識化――〈読み〉を掘り起こす「問い」＝何を問うか

文章（＝テキスト）のことばをとらえて、そこにどのような「問い」を立てるかが〈読み〉の行為の内実を決定する。

そこで、椋鳩十の「大造じいさんとがん」を例にして、どのような「問い」が想定されるかを検討してみよう。

一つの作品を教材とする場合、〈読み〉の視点としては、作品全体を対象とする場合（まるごと読み）と、場面ごとに人物の言動などの細部を対象とする場合（場面読み）とがあるが、ここでは、後者を例として検討することにする。

検討する場面は、おとりのがんに襲いかかったはやぶさに残雪が立ち向かっていくのを見た大造じいさんが、残雪を撃つのをやめて、肩から銃をおろす場面である。

大造じいさんは、ぐっとじゅうをかたに当てて、残雪をねらった。が、なんと思ったか、再びじゅうをおろしてしまった。

ここでは、「…再びじゅうをおろしてしまった。」という大造じいさんの言動の描写に焦点化して、その言動の意味を問うことになる。なぜか。それは、次のような意味で重要な表現だからである。

ア　視点人物である大造じいさんの言動を表す描写文である。

イ　じいさんの心情、特にその変化を表す表現である。

ウ　物語の展開が大きく変わる大事な表現（屈折点）である。

では、ここに焦点化するには、どうしたらいいだろうか。そのためには、上記のア、イ、ウの視点から、どこが重要な表現（キーワード）かを見ていけばいいのだが、その前に、自分の読みを振り返って、「特に心に残った表現」はどこかを問うてみるといい。文学の〈読み〉の場合、物語の展開がおさえられていれば、その展開上の大事なことばは、特に読者の心に残るものだからだ。だから、直観的・主観的ながら、「特に心に残ることば」は、読みを深めていく上での手がかりとして大事にしたい。

4　「問い」を立てる

前記の箇所「が、なんと思ったか、再びじゅうをおろしてしまった。」に焦点化するとして、では、どのような「問い」が考えられるだろうか。ここでは、突然銃をおろしてしまった大造じいさんの行動の意味を読まなければならない。じいさんは、これまで執念を燃やして残雪をねらってきた。それなのに銃をおろすというのはその瞬間、猟師の座から下りたということではないだろうか。それはなぜだろうか。じいさんは何に心を動かされたのだろうか。また、それは何を意味しているのだろうか……などと、さまざまなことを思わせる場面である。

まず、読者としての子どもの、じいさんの行動に対する素直な想いや疑問を掘り起こし、ふくらませ、語らせてやりたい。その上で、銃をおろした大造じいさんの行動についてみんなで考えてみよう、とよびかけて「問い」を考えさせる。前述したように、場面読みの中心は人物の言動の読みで、次のような「問い」が考えられる。

1　一人称視点の「問い」

「なんと思ったか」というが、大造じいさんは、どんな気持ちだったのだろうか。

（どんなことを思っていたのだろうか）

人物の内側からの心情の読み。

2　二人称視点の「問い」

大造じいさんに何か言ってあげるとしたら、どのようなことを言ってあげるか。

人物の言動に対する外からの語りかけ。

3　三人称視点の「問い」

ア　大造じいさんが「再びじゅうをおろしてしまった」のはなぜか

人物の言動のわけ（「なぜ」）を考える解釈の読み。

イ　大造じいさんの「再びじゅうをおろしてしまった」ことには、どのような意味があるか。

人物の言動の意味を考える解釈の読み。

ウ　大造じいさんが「再びじゅうをおろしてしまった」ことについて、どう思うか。

人物の言動に対する感想（第三者としての批評の読み）

ここで読まなければならないのは、肩から銃を下ろすという大造じいさんの行動の意味である。とするなら、立てるべき「問い」は、「1、一人称視点」からの心情の「問い」や「2、二人称視点」からの語りかけの「問い」ではなく、「3、三人称視点」からのア、「なぜ」の「問い」、イ、「意味」の問いであろう。

しかし、分析的な視点からの「なぜ」の「問い」は、それに直接的に答えようとすると、作品によっては、物語の展開からずれたところで理屈に走りがちになる。そこで、直接的に「なぜ」を問わずに「なぜ」を読むにはどのような「問い」を立てたらよいだろうか。

ウの「感想・批評」の読みで、まず「どう思う？」という外からの感想を手がかりに、「なぜ、そう思うのか？」（「大造じいさんのしたことについて、あなたがそのように思うのはなぜか」）と問うて、大造じいさんの言動の核心に迫るのがいいのではないだろうか。

さらに、高学年ならば、心に残るテキストのことばに焦点化して、たとえば、次のような、そこからわかることを掘り起こすための「問い」を立てるのが、有効なように思われる。

大造じいさんが「再びじゅうをおろしてしまった。」というところから、どのようなことがわかるか。

――行動描写の意味の読み

5 「問い」には、書くことで応える（答える）

上に述べてきたことの要点は、次の三つである。

ア 「問い」は、作品の展開上の重要な箇所（具体的な表現）に焦点化して立てること。

イ 「問い」は、それに答えることで、作品の〈読み〉を触発することができると思われるようなものであること。

ウ 感想を問うことから、その根拠をさぐることで、分析的な読みに導くということもあるということ。

以上のような「問い」は、〈読み〉を成立させる手がかりとなるものであって、学習活動としては、自分の考え（解釈や批評）をまとまった文章に書くという形でまとめる必要がある。すなわち、解釈にしても批評にしても、書くことで初めてはっきりと自己認識できるものだからだ。つまり、「書くことで読む」というわけである。

なお、「問い」に対する答えは、教室の中で相互に交流し合い、友だちがどのようなことを考えているか、を理解し合う相互理解活動を、ぜひ設定するようにしたい。友だちの存在を他者としてとらえ、相互にその異質性・同質性を理解し合うことは、教室という学習の場だからこそできることであり、またやらねばならないことである。

そのことについては述べる余裕がなくなったので、その重要性を指摘するだけで他日を期すことにしたい。

補説　授業構築の方向―アクティブ・ラーニング

平成二六年一一月二〇日、文部科学大臣の中央教育審議会の諮問は、「課題の発見と解決に向けて主体的・協働的に学ぶ学習」を「アクティブ・ラーニング」として、その充実の必要を強く求めた。「アクティブ・ラーニング」と、その名は新しいが、しかし、課題の発見・解決をめざした主体的・協働的な学習は、読むことの領域で言うなら本稿で示した「問い」の追究を求めて展開する独り学びから学び合いへの学習活動にほかならない。具体的には、「問い」を中心に解釈や批評を文章に書き、学級の人間関係の中で、それを交流し、さらに深めていく学習、すなわち「書く」と「話し合う」による解釈・批評を深めていく主体的・協働的な学習である。それは、学習活動の本質的なあり方として、アクティブ・ラーニングに通じるものだと言っていいだろう。

4 「問い」を生む〈読み〉
――「問い」を立て追究する文学の〈読み〉の成立のために

1 文学を読むとは、どのような行為か。

読むとは、読者が、作品の言葉とかかわって、わが内に文脈を生成することだが、読者である「私」は、その〈読み〉を通して、物語世界に参加し、そこに一人の「私」として生きる。物語の〈読み〉において、読者は、ある状況に生きる人物の人生を生きるのである。

しかも、読者は、その状況に生きる人物を対象化して、外から見る。外から見て、物語世界の意味をとらえ、その人物の人生を批評する。

読むとは、そのこと自体、一つの人生を生きるとともに、その人生を批評することだ。読者である一人ひとりの「私」は、自己の日常を超えて、他者と出会い、他者を批評する。つまり、〈読み〉を通して「私」は実人生では出会えないかも知れない、他者との出会いとしての経験を生きるのである。

2 〈読み〉のおもしろさ

文学を読むのは、それがおもしろいからだ。

文学の読みがおもしろいということは、そこで読者が、他者との出会いの経験を生きているということだ。だから、おもしろいという「私」の反応を軽視してはならない。

「おもしろい」と思うこと自体、経験の成立を意味するものであるが、それにとどまらず、その反応は、他者追究の契機ともなるものである。

「おもしろい」という主観の反応は、「何がおもしろいのか」を問うことで、「私」にとっては、未だ見ざる他者（＝未見の他者）を追究する契機となる。そして、そこに、新たなる未見の他者追究のおもしろさが生まれる。

未見の他者を追うとは、わが内なる文脈の意味を問うことだ。文脈の意味を問うて、未見の他者を追い続ける。そこに新たな〈読み〉のおもしろさが生まれるのである。

3 初読

読者は、出会いのおもしろさを求めて、作品を読む。

まず、文章の言葉とかかわって、わが内に文脈を成立せしめ、素朴ながらも、他者との出会いの経験をする。それが、初読である。

読者の〈読み〉に即して言うと、人物と出会い、ストーリーをたどって虚構の世界に遊び、読むことの楽しさを体験するのである。

教室における、そのための最も重要な活動は、まず声に出して読むことである。小学生はもちろん、高校生にとっても、音読・朗読による通読は、文脈形成のための基礎である。

次に、注釈活動を交えながら、人物の言動の意味をとらえ、場面を追ってストーリーを読む。そして、学習としては、そこで、素朴ながらも初発の感想を確認する。

こんな当たり前のことの確認をするのは、テキストの言葉に即して文脈を生成し、まずは物語のおもしろさを体験することなしに、読むことの学習は始まらないからだ。初読において、叙述（ストーリー）の展開に沿っておもしろさを体験することが、すべての読むことの学習の基礎なのである。

4　再読

読者は、読みのおもしろさを求める。

たとえそのおもしろさが主観の枠組みの中のものであっても、読者としての「私」にとって、それは、さらなる他者追究のきっかけとなる。すなわち、「私」は、自分自身のおもしろさを手がかりに、そのおもしろさを生み出したもの（＝おもしろさの秘密）を問う。文脈の生成と共に、読者はわが内なる文脈に即し、その意味を問うのである。

わかりやすく言うと、読者の内に物語が成立したとき、読者は、それに知的・情意的に反応するとともに、その物語の意味を問うのである。意味を問うことで〈読み〉は深まる。

〈読み〉が深まるとは、文脈が読者自身のものとして意味を持ってくるということだ。言い換えると、〈読み〉が読者にとって価値ある経験として成立するということである。

そのことで、読者は、他者との出会いを確かなものにしていく。

内なる文脈の意味を問い、他者との出会いとしての〈読み〉を、読者にとって価値ある経験として成立せしめる。それが、再読である。

再読とは、初読による感動体験をふり返り、その意味を文脈の上に明らかにしていく〈読み〉である。再読によって、読者である「私」は、自分の〈読み〉自体を対象化するとともに、自分がおもしろさを感じたものの本質を明らかにすることで、主体にとって価値ある一つの意味世界を構築していく。そのような再読の契機となるのが、感動体験に根ざした、読者自身の文脈の意味への問いである。

5 問い

〈読み〉を価値ある経験として成立させる鍵は、「問い」にある。読者の内なる意味への問いが、〈読み〉を価値ある経験として成立せしめるのである。

問いが、再読の内実を左右する。「どのような問いを持つか」（何を問うか）、「どう問うか」に、再読の鍵がある。

すでに述べたことだが、文学の〈読み〉における問いの原点は、感動にある。もちろん、知的・情意的反応のすべてが問いに結びつくが、しかし、最も大事なのは、感動である。

読むことにおもしろさを求め、人物と状況を共にする読者にとって、最大の関心事は、人物の生き方にある。読者は、人物に心を寄せ、その言動に反応する。それが、物語の〈読み〉のおもしろさである。

おもしろさは、他者との出会いに生まれる（＝読みのおもしろさは、他者との出会いにある）。問いは、そのおもしろさの中にある。その人物がそのように行動したのはどういうことか、そのように生きたのはなぜか…の問いが、新しい〈読み〉の経験を生み出す。

すなわち、おもしろさの意味を問うところに、新たな他者との出会いが生まれる。それが、再読である。読者の内なる問いが、再読をうながすのだ。

6　問いの生成

問いは、読者自身の物語への〈おもしろさの反応〉を土台として生まれる。おもしろさへの反応があって、初めて読者の内に問いが生まれ、問うことによって、初めて文脈の意味が掘り起こされ、おもしろさの内実が明らかになる。

大事なことは、読者自身が問いを持つということだ。問いを見出すこと自体、読者にとっての重要な〈読み〉の能力である。それを、教師が問いをたてることで、スポイルしてはならない。読者としての学習者自身の読みを大事にしたところで、問題は、次の二つである。

①　いかにして、問いを引き出すか。

②　何を、どう問うか。

読者は、**〈おもしろさへの反応〉**を振り返り、それを生み出すものを問うのである。

　問い　①　何が、おもしろいのか。

　　　　②　それがおもしろいということは、どういうことか。

　　　　③　なぜ、おもしろいと思うのか。おもしろさの秘密はどこにあるのか。

問いを立て、主体的に展開する追究に、終わりはない。「私」の内に問いを持つこと、さらに問いが問いを生成せしめること、それが絶えざる再読の内実である。問いが、初めての出会いのおもしろさを超え、未見の他者の追究のきっかけとなる。

7　変容・生成する〈読み〉

〈読み〉は読者である「私」の行為である。「私」が、内なる文脈に何を見出し、そこにどのような意味を読むか——それは、結果として多様である。

しかし、その〈読み〉は、「私」の主観の枠組みの中のもの。それを自覚したとき、「私」はさらにどう読むかを問い続ける。その追究としての再読に完結するときはない。

例　「おにたのぼうし」の〈読み〉

（於、ことばと教育の会・例会）

・牛山恵氏は、おにたが豆になるということは、おにたの自己実現であり、女の子のためのおにたの消滅は、おにたがおにたとして生きることであった、と読む。

・中村龍一氏は、人間になりたかったおにたであったが、鬼であることを捨てて豆となることで自らを消滅させ、同時に人間界からも自分を追放した、と読む。

・佐藤久美子氏の学級では、やさしいおにたはかわいそうと同情を深める子どもがいる一方、自分は鬼であると女の子に伝えるべきだとして、女の子に尽くすだけの生き方に疑問を呈する子どもがいたと言う。

このような学級においては、さらに、個人のやさしさや誠実さを超えた差別の枠組みの中に生きるしかないおにた（すなわち状況の中の存在であるおにた）にとって、愛に生きる道はどこにあったかが問われなければならないだろう。

おにたは差別の壁にはじき返されながらも、女の子への愛に生きた。おにたは、鬼であることを隠して人間の子に尽くすことの限界にぶつかり、自らを追放する豆となった。自分を隠して女の子に尽くすことを放棄し、豆となることで愛に生きたのである。そこに、愛に生きたおにたのほんとうの姿がある。悲劇ではあるが、人の子を愛したおにたが、自ら豆になって女の子に豆まきをさせたことに、おにたのレーゾンデートル（存在理由）があったのである。

8　教室の〈読み〉＝協働が生み出す再読

〈私〉の〈読み〉の根拠を問い返しつつ、さらなる〈読み〉の創出を求めて再読を重ね、新たな他者と出会う――そのおもしろさを、最も鮮やかに体験させるのが、教室の〈読み〉である。読者としての児童・生徒は、教室において、一人ひとりの〈読み〉を交流する。そして、新たな〈読み〉と出会い、自己否定を伴いながら、〈読み〉の幅を拡げていく。そこに、教室のドラマがある。

教師自身も、一人の読者として、児童・生徒とともに、問いを求め、問いに答え、自分の〈読み〉を問い返しつつ、〈読み〉の可能性を拓いていく。

問いは読者自身のものとは言え、児童・生徒自身の問いが、問題の核心をとらえたものであるとは言えない。子どもの感動と、そこからの問題意識をふまえつつ子ども自身に的確な問いを意識させるのは教師である。また、問いに答えて、豊かな〈読み〉を引き出すのも教師である。児童・生徒と〈読み〉の場を共有する教師がいてこそ、初めて教室の〈読み〉は児童・生徒自身のものとして耕される…ということを、教師は忘れてはならない。

「私」の〈読み〉を自己対象化して、共同体の中で問いを掘り起こし、おもしろさの秘密を追究する――そこに、教室の〈読み〉の新たな可能性が生まれる。

5 「問い」を立てる
――文学テキストの読みの場合

1 テキストの意味と読者の反応

童話も小説も、文学テキストの読みは、たとえそれが学習であっても、読んで楽しむことができればいいのだが、そしてそれが何よりも大事なのだが、その楽しさをもたらしたものをテキストの上に見きわめ、その感動の根底にあるものをはっきりさせようとする。即ち、読者に感動をもたらしたものの本質を、テキストの構造をおさえて明らかにする―それが、テキストの読みの行きつくところ、即ち、テキストの**意味**の読みである。

テキストの意味の読みは、読者に感動をもたらしたテキストの言葉の仕組みやそのはたらきをとらえ、それが生み出す意味はどのようなものかを読み解くことで明らかになる。要するに、読者に感動や問題意識をもたらした言葉の仕組みやはたらきをとらえ、それが生み出した意味世界を日常の言葉で解き明かすのである。わかりやすく言うなら、読者に感動をもたらしたものを、日常の言葉で説明するのである。その行為が「解釈」である。

読みの行為において、テキストの意味は、読者の「読み」の枠組みの中にあるが、感動は、その読者の枠組みを越えて、新しい世界を創る。したがって解釈は、読者の読みによってもたらされた新しい世界の意味を読み解き、これまでの読者の内に内在した既成の枠組みを越えて、新しい意味世界を創出する。

解釈は、読者の感動の枠組みの中にありながら、ただ読者の感動をなぞるだけではなく、他者との出会いとしての読み深めを通して、常に新しい意味世界を創出するのである。テキストの意味の読みは、読者に感動をもたらしたテキストの構造をとらえ、その構造が生み出す意味世界はどのようなものかを追究する行為として成立する。それが、追究としての解釈なのだが、その追究の行為を意識化し、明確にするのが「問い」である。

読書教材をテキストとしてその意味を問う時、そのきっかけとなるのは、読者の内に生まれる感動であり、問題意識である。「問い」は、そのような読者の内なる「想い」に突き動かされて生まれ、そして意識化される。それをテキストの構造の上に明らかにしようとする時、「問い」を起点とする追究の読みが起動するのである。

大事なことなので、改めて確認しておこう。テキストの意味を明らかにするには、どのような「問い」を立てたらいいだろうか。テキストに対して、どのような視点から、どのようなところに目をつけ、どのような「問い」を立てたら、読者におもしろさをもたらしたテキストの意味を明らかにすることができるだろうか。

テキストの意味の読みは、読者自身が、テキストのどのようなところに、どのような心情的反応をしたかをとらえ（自己確認し）、それはテキストのどのようなところによるものかを明らかにするところに成立する。言い換えると、意味の読みは、テキストのどのようなところ、あるいはどのような構造に、どのような心情的な刺激を受けたかをとらえ、それはなぜかを明らかにするところに成立する。

2 「問い」の追究

(1) 「問い」の前提——音読とミニマルストーリー

文学テキストの場合、「解釈」を起動する「問い」は、文脈の確かな受容の上に生まれる。文脈の受容を確かにするには、まず、しっかりと音読ができなければならないし、その上でストーリーがとらえられていなければならない。したがって、「問い」を立てる活動の前に、まずは音読、次にあらすじの把握をしっかりとやっておくようにする。

音読

音読は、それ自体、価値のある言語活動なので、いく度かくり返すのが望ましい。特に、冒頭と結末、それと特に自分の好きな場面は、できるだけくり返し声に出して読むようにする。

あらすじ

ストーリーがとらえられていないところでは、内容にかかわる「問い」を立てることはできない。5W1Hを念頭に置いて、あらすじをまとめておくようにする（「ミニマル・ストーリー」とは、物語テキストを100文字前後の文章にまとめたもののことと言っていいだろう）。

(2) 「問い」を立てる

童話や小説をテキストとして、その意味を問う時、そのきっかけとなるのは、読者の内なる感動であり、問題意識である。「問い」は、そのような読者の内なる「想い」に突き動かされて意識化され、それをテキストの構造の上に明らかにしようとして「追究の読み」を起動する。

物語テキストの読者にとって、「問い」は、冒頭から結末まで、ストーリーの展開に沿って生まれる。特に人物の言動を中心とした緊張場面や物語の結末の場面などでは、なぜそのような事態になったのか、なぜそのようなことを言ったりしたりしたのかなど、人物の言動の因果関係の意味を問うかたちで生起することが多い。次に、そのような、読者の内に生起するさまざまな「問い」を整理しておこう。

印象点＝結節点を読む

テキストの全体を読み通していると、特に声に出して読んでいると、主人公を中心とした人物の言動を中心に、読者として特に心に残るような印象的な表現に出会うのではないだろうか。そのような読者の心に残る表現（印象点）には、必ずと言ってもいいほど、なんらかの意味があると考えていいだろう。そのような印象点とも言うべき表現（それは、作品の展開上の結節点だが）と出会ったら、作品の全体、あるいは文脈を視野に入れて、その意味を考えるようにしたい。くり返すが、そのためには、文脈に沿って読み進む過程での読者としての反応、特に素直な情意的な反応を大事にすること、なぜならその根底には、物語によって触発された読者としての素直な「想い」があるはずだからだ。したがって、その反応にはどのような意味があるかを考えるようにしたい。

印象点は、ストーリーをもって展開する物語テキストの「結節点」とも言うべき、物語の展開上の重要な表現であることが多い。したがって、印象点の意味を考えることは、物語の展開をおさえて、大事な表現の意味を読むことになる。

クライマックスを読む

印象点（＝結節点）の中でも、物語の展開上、特に重要なのはクライマックスである。クライマックスは、物語がもっとも盛り上がった場面のことで、その場面の意味を考えることは、物語の展開をおさえて、もっとも大事な部分の意味を考えることになる。クライマックスの読みは、物語の全体から見ると、部分的な言葉の意味を読むことでありながら、実は物語の展開を読むということになる。

例えば、「ごんぎつね」で、鉄砲でごんを撃ってしまった兵十が、ごんのところにかけつけ、「ごん、おまえだったのか、いつもくりをくれたのは」というところ、その言葉は、いたずらながら兵十のことを思っていたごんのことが初めてわかった兵十の、取り返しのつかないことをしてしまったという想いがあらわされていると言うべきである。そして、この表現は、読者の印象の残る結節点であると同時に、物語の展開の上では、クライマックスとも言うべき重要な表現となっているのである。

クライマックスは、物語の展開上、緊張感が高まって最高潮に達した状態のことだが、そこは、その物語がどのようなことを意味しているかを読む上で、最も重要な箇所である。読者から見るなら、そこは、もっとも強く心に残る箇所であって、物語テキストの意味を読む重要な手がかりとなる表現である。即ち、クライマックスを意識することで、読者の内にテキストの意味とかかわる最も重要な「問い」が生まれる。

具体的には、物語テキストで読者の心にもっとも強い印象を残したところとしてクライマックスが鮮明になったところで、読者の内に、初めて知的な追究の起点としての「問い」が立ち上がり、意識化される。即ち、クライマックスの出来事をとらえたところで、例えば次のようなことばで、クライマックスをもたらしたものへの問いが、知的な追究の対象として、読者自身に意識されるのである。

〈問い〉　・どうして、そのようなことになったのか。
（そのような事態になったのは、なぜか。）
・主人公の○○が、○○のようなことをしたのはなぜか。

なお、教師は、クライマックスとかかわって、初めて「この物語のクライマックスはどこか」を問い、そことかかわって、「どんな問いが立つだろうか」と知的活動としての「問い」を立てることを指示することになる。新美南吉の「ごんぎつね」を例にして言うと、ごんを鉄砲で撃った兵十がかけ寄って、「ごん、おまえだったのか」と言い、ごんがだまってうなずくところ、読者の内に立ち上がる問いは、このような事態になってしまったことへの疑問であろう。

・どうしてごんが兵十にうち殺されるようなことになったのだろうか。

・なぜ、このようなことになってしまったのか。さけることができなかったのだろうか。

なお、教師は、「この物語のクライマックスはどこか。」と問うよりも、ストーリーを確認して、「もっとも感動的なところは、どこか」と問うて、クライマックスに意識を向けさせるようにしたい。そして、クライマックスを確認した上で、「ここととかかわって、特にどんなことを考えたいか。」と問うていきたい。教師のそのような誘いかけに応じて、次のような発言が引き出せたら成功だと言っていいだろう。

・どうして、こういうことになったのだろう。

・兵十が、ごんを撃ったことについて、どう考えたらいいのだろう。

結末を読む

ここまで、知的な追究活動のきっかけとなる「問い」の一つとして、クライマックスにかかわる「問い」について述べたが、もう一つ、大事な追究活動を触発する「問い」がある。それは、物語の全体の展開と結末に関する「問い」である。

物語の展開の仕方に関しては、次にあげるような伝統的な構成法があるが、それをテキストに当てはめて、三つ、あるいは四つに区切ることがある。

Ａ　序破急（雅楽、舞楽や能の構成上の三区分）

Ｂ　起承転結（漢詩、特に絶句の構成法）

教材となっている短編の小説・物語の展開を、上のような型にあてはめてみると、その多くは起承転結になっており、テキストの結末は「結」に当たることになる。だから、教材文の物語テキストを起承転結にあてはめて学ばせる教師も多い。それは勿論、無駄なことではないが、大事なことはパターンに当てはめることではなく、ストーリーの展開をとらえることである。すなわち、

「何が原因で、どういうことがあり、どういう山場と出会い、最後はどうなった」

といった、展開をふまえて、「山場（クライマックス）」の意味を考え、さらに「最後の結び（物語の結末）」をとらえて、物語の全体をふり返り、その「結び」の意味を考えること、そしてその「結び」と関係づけて物語全体の意味を考えることである。次にまとめておこう。

結末の意味
・テキストの最後がこのようになっていることには、どのような意味があるだろうか。
・テキストの最後の文言「○○○○」は、どのようなことを意味しているのだろうか。

「クライマックス」（山場）と「結末」の意味がおさえられたら、そこでどんな問いを立てたらよいかを考えさせるとよいだろう。

「山場」と「結末」の意味に関して
・そこで、どんな問いを立てたいか（どんなことについて考えたいか）。
・このようなことになったことのわけを考えよう。

このような問いは、おのずと出て来るのではないだろうか。

最後に、物語の全体の展開をふまえて、感想をまとめさせるようにしたい。意味の読みは、意味をわかりやすく言葉で説明することであって、それが、「解釈」である。意味を説明すること、即ち「解釈」ができたら、その物語についてどう思うか、どんなことを考えさせられたかといった感想・批評は、あまり心理的な抵抗なく出て来るのではないだろうか。

追記 「問い」を問う

仕事は、目標を成し遂げて終わる。しかし、学習は、成し遂げただけでは終わらない。成し遂げた過程をふり返り、自らさらに、「なぜ」と問わなければならない。
・なぜ、そのように問うたのか。
・なぜ、そのような過程を経て、そのように答えたのか。
自らに、なぜそのように問うたのか、そのように問うたことで、どんなことが明らかになったのかと問うことで、さらには、なぜそのように答えたのかを問うことで、初めて学習は成立する。

仕事は、目標を成し遂げて終わる。しかし、学習は、自ら掲げた問いを振り返り、他ならぬその問いの意味を、自らに明らかにすることで、初めて完結するのである。

6　文学の〈読み〉の授業
——初読から、再読へ

1　文学の授業の課題

(1)　ことばの教育としての〈読み〉の教育

ことばとのかかわりが、想像力を刺激し、虚構世界を造るとき〈読み〉手は、初めて問題意識を喚起されたり、感動を触発されたりする。ことばとのかかわりが、文学体験を成立させるのだ。では、そのことばとのかかわりとは、どのようなものなのだろうか。

例えば、ある作品において、ある比喩というレトリックが、その作品を読む上での鍵だという場合、では、その語を取り出して比喩について教えれば文学としての〈読み〉が成立するかというと、そういうものではない。その語の文脈上の意味や比喩としての働きを作品の上に明らかにし得たとき、そしてそれがそこに描かれた人物や状況などへの理解と共感とを深めるとき、初めてことばとのかかわりが文学体験の成立につながるのである。ことばをとらえることが、読者の作品世界への理解と共感とを深めるものとなってこそ、それは文学の〈読み〉であり、ことばの教育としてもリアリティーのあるものになるのである。

(2)　〈読み〉の個別性・多様性の問題

教室における〈読み〉の画一化は、人間の生き方に結びつくような主題を見いだそうと、ただ一つの正解の

〈読み〉に子どもを追い込んできた教育の責任である。

子どもの個性尊重をうたいながら、教育が子どもをいつの間にか教訓漬けにしてしまっている現状は否定できないだろう。国語科でも、例えば「おおきなかぶ」では、力を合わせることの大事さを教え、「かさこじぞう」では、思いやりの心の大切さを教えるという具合にである。そこに画一化した〈読み〉の問題が生まれる。それは子どもを既成の観念の枠にはめ込んでいく。そんな教訓主義とも主題主義とも言われるような、画一化しがちな〈読み〉を壊さなければならない。読者論は、そのことに理論的な根拠と勇気とを与えてくれた。すなわち、〈読み〉の多様性の論は、正解到達主義的な読解指導過程への依存を見直す契機となったのである。

どうしたら子どもを画一化した〈読み〉から解放することができるのか。この現場教師の取り組みは、授業改革の一つの視点となっているのである。次に述べるように、現在は〈読み〉の多様性の論自体が問い直され、批判されているのではあるが、まずは、画一化した〈読み〉から子どもを解放しようという現場教師の努力は、さらに前進させなければならないであろう。

(3) 〈読み〉の主観性の克服（もしくは規制の枠組みからの解放）の問題

〈読み〉の多様性の論は、解釈学の影響下にあった正解到達主義に対する、読者論の立場からの批判として提起されたものであった。しかし、それに対しては、田中実氏や須貝千里氏らから厳しい批判が寄せられたのである。それは、〈読み〉の多様性・個別性の主張が、それぞれの〈読み〉を、読者の主観の枠内にとどめるものだという観点に立つものであって、きわめて重要な批判だと言わねばならない。

「私の〈読み〉」もしくは「主体的な〈読み〉」と見えて、結局は自分の主観から一歩も出ていない、あるいは自分の中にある既成の観念をなぞっただけと言うような〈読み〉を、どうしたら克服することができるのだろうか。そのような既成の観念の枠組みを当てはめただけの「エセ〈読み〉」は、決して「私の〈読み〉」でも「主体的な〈読み〉」でもない。

読者論的な「なんでもあり」の〈読み〉が否定された時、〈読み〉の教育は、読書行為における自己解放、自己倒壊、さらには自己創造の契機を、他者としての作品の構造と読者とのかかわりの上に明らかにする地点に立ったと言えるのではないだろうか。

改めて確認しよう。〈読み〉は、一人ひとりの読者のものであり、多様である。しかし、多様性ということで、〈読み〉を読者の主観の枠組みの内に留めてはならない。主観の枠を超えるには、作品のことばとのかかわりを深めていくしかないのである。

文学を読むとは、ことばを通して人間を追求するということである。ことばの上に人間を読む、そして、人間理解を深め、人間への思いを広げる、その時〈読み〉は、読者に新しい他者との出会いをもたらすのである。では、そのようなことばとのかかわりは、いかにあるべきか。

結局は、文学のことばの仕組みをどうとらえるか、どのような活動を通して文学のことばとのかかわりを深めるか、つまり文学の〈読み〉の教育のあり方が、実践の問題として問われているのである。

(4) 〈読み〉の主体性と、「問い」の問題

教室における〈読み〉であっても、読むという行為は、一人ひとりのものであり、それを通して、何を、いかに感じ、いかに考えるかも、一人ひとりのものであるに違いない。そして、教室こそが、その一人ひとりの読みを大切にする場である。言うまでもないが、すべての教師が学び手一人ひとりの読みを大切にし、その感じ方、考え方を伸ばしてやろうと、心掛けているはずである。

ところが、教師の「問い」に手をあげて答えるといった形の授業を通すと、学び手の一人ひとりは、教室での読みに、一定の正解を求めることになりがちなのではないだろうか。一人ひとりの読みを大事にしたい＝ほとんどの教師が、学び手一人ひとりの感じ方、考え方を伸ばしてやろうと、心掛けているはずなのにである。では、どうしたらよいか。一人ひとりの読みを大事にするには、学び手の一人ひとりが、物語テキストのどこに、どう反応し、何を感じ、何を考えたか。＝その一人ひとりの読み、それこそ目には見えなくとも、一人ひとりの内に成立しつつある主体的な読みを、はっきりと意識化させるようにしたい。具体的に言うと、物語テキストのどこに、どう反応したか。そこで、どのような「問い」を持ち、何を思い、何についてどう考えたか。その主体の内なる想いを、言葉でとらえ、自らかみしめ、自ら省みることで、自己確認を深めさせたい。

成長期の子どもにとって、認知の対象とかかわって、何らかの「問い」を持つこと、そしてそれを自覚することは、学びの主体性を保証する上での第一歩である。そして、その「問い」を追究することで、内なる想いを言語化し、自己の考えを明確にするとともに、それを交流することで、自己相対化から相互理解の輪を広げていく。即ち、共通の「問い」を柱として、その追究の過程を共有することで、主観性を克服するとともに、学びの主体性を確かにしていくのである。そこに、「問い」を柱に展開する、「ヒュウマン・スペース」とでも言うべき、教室という開かれた「場」の学びの特質がある。

一人ひとりが自分の「問い」を持ち、それを相互交流するとともに、（できたらクラスの友だちともそれを共有し）、教師の助言・指導を受けながら、自らの考えをまとめていく＝その過程を支えるのが、学びの主体性であり、それがまた、一人ひとりの〈読み〉の主体性をも育てていくのである。

(5) いくつかの実践的課題

文学の〈読み〉の教育においては、さらに次のような課題についても検討されなければならない。

1、教科書教材の学習との関連で、生活読書としての文学読書をどう具体化したらよいか。

また、文学の〈読み〉を中心とした単元学習をどう進めたらよいか。

2、〈読み〉の学習に関心を示さない子を、どうしたら授業に引きつけることができるか。

3、授業活性化のための楽しい活動の開発が、逆に〈読み〉をいい加減なものにしている現状をどう克服したらよいか。

4、「詳細な読解」の問題をどう受け止め、どのようにして〈読み〉を充実させていったらよいか。

2 〈読み〉の授業の実際

(1) 指導過程

文学の〈読み〉の授業を、その展開の仕方（指導過程）の上から大きく分類してみると、次の三系列に分けることができる。

ア、第一系列（三読法系列）

全体の通読の後、場面ごとに読み進み（そこまでが「初読」）、その後、「再読」で全体をふり返ってプロットをとらえ、その意味を読む。

イ、第二系列（二読法系列）

全体の通読で物語の展開を把握し、次に、全体を通して追究したい問題〈追究課題〉をとらえ、それをめぐって読みを深める。

ウ、第三系列（一読法系列）

最初から（全体の通読なしで）、物語の展開に沿って詳しく読み進んで行き、その後、ふり返って全体をまとめる。

第一系列の三読法が一般的だが、しかし、その中には、輿水実などの解釈学系統のもの、教育科学研究会のものの、西郷竹彦を中心とした文芸研のものなど、さまざまな指導過程論が含まれていて、一様ではない。

第二系列の二読法は、通読を繰り返して全体をとらえた上で、作中人物の生き方とか、人間関係、行動の変容、あるいは作品からうかがうことのできる作者のものの見方・考え方などに視点を置いて、集中的に〈読み〉を深める方法である。「この作品で、もっとも強く心を引かれるところ、あるいは心に残ったこと」「この作品で、もっともおもしろいと思ったところ、あるいは、おもしろいと思ったこと」などに焦点化して〈読み〉を深める活動は、いわば「再読」に重点を置いた方法だと言えよう。

第三系列の一読法は、もちろん児童言語研究会が提唱してきた方法である。これまでしばしば言及してきたものだが、この方法のポイントは、「初読」の読み進む過程で、そこまでの事態の展開をおさえ、そこで何が問題かをとらえて先を読むということである。そのことは、三読法においても大事なことである。

以下、三つの系列の中の第一の系列を取り上げ、「初読」の段階と、「再読」段階の〈読み〉の学習の実際について、実践的に検討していこう。

(2)「初読」段階の〈読み〉

「初読」段階の〈読み〉は、読み進むという継時的・線状的な〈読み〉の活動を充実させることに重点を置いて行われなければならない。教室の壁面に、本時までに読んできた教材文や、本時までの学習の過程が記録として掲示されていることがあるが、作品の線状的な展開と〈読み〉の継時的な展開とをおさえながら読み進む活動を確かにしていく教師の大事な配慮である。

「初読」段階の学習の重点は、ストーリーの〈読み〉と、場面ごとの人物や出来事の〈読み〉である。

① ストーリーの〈読み〉

作品との最初の出会いであり、ストーリーの〈読み〉を軽く見てはいけない。一般の小学校の場合、低学年では、教師の音読から始まり、児童の音読を中心に、教材文の通読を繰り返すことになる。この段階の〈読み〉には、高学年でも、どうしても二時間は必要だと思われる。

［ポイント］ 通読をくり返しながら、次のような観点から〈読み〉の掘り起こしをする。

・ストーリーをとらえる。

登場人物と、主な出来事を確認し、次に場面の展開をおさえて、ストーリーをとらえる。

・心に残ったところをとらえる（印象点の意識化）。

通読しながら、特に心に残ったことば、あるいは文（印象点）に、サイドラインを引く。

・初発の感想を書く。

初発の感想は、ストーリーがとらえられた段階で、心に残ったことを中心に書くようにする。

・〈読み〉の課題を考える。

最初の段階の課題は、物語の全体を通して考えたいこと、はっきりさせたいことなどのように、大事なところに重点を置いた「大まかなもの」がよい。

② 場面の〈読み〉

場面ごとに、心に残った表現（印象点）に焦点化して、〈読み〉の掘り起こしをする。

人物の心情の表れているところとか、大事な表現にサイドラインを引かせることが一般的だが、〈読み〉の心理の自然から言って、「印象点の意識化」は、それ自体、読解力につながる大事な作業である。

物語体の文章の場合、読者の印象に残る人物の言動とは、次の二つである。

ア、人物のことば＝会話文と心内語

イ、人物の行動＝行動描写（行動を描写した文を通して、人物の置かれた状況や心理を読むことになる）

印象点は、主として視点人物の言動に集中することになる。したがって、印象点の〈読み〉は、人物の読み、あるいは人物を中心とした状況の〈読み〉ということになる。それは、次のような視点からの〈読み〉である。

ア、その表現からどんなことがわかるか。

・人物の気持ち。

・人物のしたこと、言ったことのわけ（あるいは、言ったことの意味）。

イ、人物のしたこと、言ったことについてどう思うか。

・人物の言動について考えること、さらに批評、評価。

では、ア、イのような人物の〈読み〉を成立させるためには、どのような活動を設定したらよいだろうか。吹き出しによる心情の〈読み〉も含めて、私は、次のように、人物に対する読者としての視点を明確にして、自分の〈読み〉を文章に書かせるようにするとよいと考えている。

ア、一人称視点の〈読み〉
・つぶやく（吹き出しに書く）・日記を書く
イ、二人称視点の〈読み〉
・語りかける・手がみを書く・メッセージを書く
ウ、三人称視点の読み
・コメントを書く・感想・意見を書く・批評する

場面の〈読み〉の活動は、「書く」「話し合う」を中心に展開する。
ア、書く＝自分の〈読み〉を書く
印象点をとらえて、自分の解釈を文章にまとめる。
イ、話し合う＝〈読み〉を交流する。
それぞれの解釈を交流し、〈読み〉を広げたり、深めたりする。

場面の読みの中心は、焦点化の〈読み〉である。印象点に焦点を絞って〈読み〉の掘り起こしをするわけである。印象点は、多くの場合、人物の言動で、それは、物語の展開上の、結節点とも言うべき重要な表現（＝キーワード）である。つまり、物語の結節点が、読者の印象に残ることが多いということである。

なお、カリキュラムの上で、その教材の〈読み〉の学習に当てる時間が少ない場合は、焦点化する箇所を絞って、重点的に学習を組み立てるようにするとよい。

3 「再読」段階の〈読み〉

作品の全体を視野に入れて、その構造をとらえ、〈読み〉を広げたり深めたり、自分の解釈を見直したり、問題をとらえて批評したり批判したりするのが「再読」段階の〈読み〉である。具体的に、学習活動として、「再読」段階の〈読み〉をどうするかは、これまで十分には検討されておらず、今後の課題だが、今のところ重要なのは次の三つの視点からの〈読み〉だと考えている。

(1) 作品の構造(プロット)の〈読み〉

プロットとは、主として、因果関係を展開の軸として組み立てられた作品の構造のことである。ストーリーが、出来事の時系列の展開を言うのに対して、プロットは、因果によって構成された作品全体の仕組みを言う。

プロットがとらえられていないと、その作品が何を意味するかもとらえられないし、感想もまとめられない。しかし、作品のおもしろさとの関係でプロットをとらえるのは、なかなかむずかしい。そこで、次のような視点から、全体をふり返ってみるようにしてはどうだろうか。

ア、どのようなことが物語の軸になっているか。
　物語は、どのような人間関係やどのような物事の関係の変化・変容を軸にして展開しているか。

イ、物語は、どのように展開しているか。
　物語は、どのような因果関係や対立関係のもと、どのように展開しているか。

ウ、そのような物語が、どのような枠組みの中で語られているか。

物語が、どのような語りの仕組みの中で語られているか。

プロットをとらえようとするなら、そこに語られているのは、どのような物語だったかを、約五十字から七十字程度でまとめてみるとよい。それが、私の言う、作業仮説としての「主題」であるが、それをまとめてみると、その作品の構造が見えてくるものである。

(2) 語りの読み

物語体の文学作品は、物語内容（指示内容）と表出内容（自己表出）とから成っている。例えば、次の一文の場合はどうか。

その明くる日も、ごんは、くりを持って、兵十のうちへ出かけました。

ここで語られているのは、「その明くる日」、ごんが兵十の家に栗を持って行ったというごんの行動である。ところが、語り手は、その翌日のことを語るのに、「その明くる日も」と、係助詞「も」をつけて語っている。語っている客体的な事実は、ごんが出かけたということだが、「明くる日も」と語る時、そこには「ひきあわないなあ」と言いながらまた来たごんの行動に対する驚きというか、感動というか、語り手の主体的な思いが語られているのである。

客体的な物語内容に対する語り手の主体的な思いは、作品全体の場合でも、読み取ることができる。そして、なぜ、語り手はこの物語を語ったのか、語り手はどのような思いで語っているのかなど、その語りへの問いは、物語内容に対する読者の価値づけにもかかわる〈読み〉を生み出すことにもなるのである。

また、語りの上に物語内容に対する語り手の批評意識を見ようとする〈読み〉は、「作品上の作者」の追究にもつながって、重要な意味を持つことになると思われる。

(3) 感想をまとめる

これは、「再読」の最終段階の活動として、「書く」ことで、〈読み〉を完結させるわけで、〈読み〉の学習としてきわめて重要な活動である。

感想を文章にまとめ、その交流で、さらに〈読み〉を深めるといった活動の価値を、再認識する必要があるのではないだろうか。

感想を書く視点としては、一般の読後感想のほかに、次のような場合もある。課題に焦点化して、追究活動として感想を利用するのも意味のある学習になるように思われる。

ア、追究課題を明確にして、感想を書く。
例　小三「もちもちの木」（齋藤隆介）
追究課題＝「豆太にとって勇気とは、どのようなものだったか」
全七時間の扱いで、この活動を最後に設定して、子どもの〈読み〉を一段階上に引き上げようとした実践があった。

イ、人物の行動に焦点化して、感想を書く。
例　小二「おてがみ」（アーノルド・ローベル、三木卓訳）

補説　印象点の〈読み〉

（長野県・国語教育学会における講義）

絵本『おじさんのかさ』（佐野洋子作）の読み聞かせを聞いた後で、特に心に残った印象点を発表し合い、そこからわかることや、それをめぐって思うことなどを発表し合い、話し合う活動

田近：（読み聞かせが終わったところで）今、思い出してみて、一番心に残っている言葉、あるいは場面は、どこでしょう。

会場から、次の箇所について発言。

A：「ポンポロロン」。
B：「あめがふったら、ポンポロロン。あめが　ふったら　ピッチャンチャン」。
C：「りっぱなかさは、りっぱにぬれていました」。
D：「なにより　かさらしいじゃないか」。
E：おじさんがかさをさして「あっ、ほんとだ　あっ」と。

★「あめが　ふったら　ポンポロロン。あめが　ふったら　ピッチャンチャン」、そこが心に残ったというのが一番素直な読みだろうと思います。それから「かさがりっぱにぬれていました」というところは、ちょっと高度ですね。

「なにより　かさらしいじゃないか」と……。ぬれている傘を見て「かさらしいじゃないか」というところは、心に残る大事なところですね。

こういう心に残ったところは、この作品にとって、とても大事なところです。まず、かさが、かさらしいところ。「あめが　ふったら　ポンポロロン。あめが　ふったら　ピッチャンチャン」というのは、それは音が楽しい。それはどうしてかというと、傘を差しているから。傘を差していなければ、「ポンポロロン」という楽しさはないわけです。

「ポンポロロン」と楽しいのは、どうして楽しいのかというと、……。雨が降って、その傘が雨にぬれて水を跳ね返らせている。そこの音が楽しい。その音が面白いというのは、それは傘が傘らしいからですね。そこのところが心に残ったというのが非常に大事なことで、その中のどれを取り上げても、佐野洋子が描いている『おじさんのかさ』の本質に触れます。

★今は出ませんでしたが、「いそぐときは、しっかりだいて、はしっていきました。かさが　ぬれるからです」。本当は、ここのところが、一番面白いですね。傘がぬれるから、しっかり抱いていく。傘というのはぬれるものはずなのに、しっかり抱いて走っていくということは、ぬらさないようにして、自分がぬれても傘はぬらさない。そのくらい傘を大事にしている、おじさん。だけど、そのように傘を大事にすることにはどういう意味があるのでしょうね。大人だったら聞けるけれども、子どもには聞けませんね。ちなみに、これは小学校一年生の教材です。しかし、中学生にも読んであげて、「傘って何だ」ということを考えさせたいところです。

★　傘は、ぬれるものであるはずなのに、大事に大事にして「かさが　ぬれるからです」と言って、傘をぬれないようにしているおじさん。それは、果たして傘を本当に大事にしていることなのだろうか。そのおじさんが、「ポンポロロン」という子どもの楽しい言葉、オノマトペに誘われて「ほんとかなあ」と言って、差してみる。そして、傘はぬれるものだと気がついたわけですね。

　傘を大事にするということは、抱え込んでぬれないようにすることではなくて、雨の中、雨にぬれながら、ポンポロロンと雨をはじきながら傘を差して歩くこと。そのことの中に、傘が傘として生きているということに、おじさんは気がつくわけです。「ぐっしょり　ぬれたかさも　いいもんだなあ。だいいち　かさらしいじゃないか。」というのは、おじさんの発見です。子どもの「ポンポンポロロン」にさそわれて、おじさんは傘というものの本質に気づくのです。傘らしいのではなくて、傘なんだ、ということにおじさんが気がつくのです。。

　ところが、奥さんは、傘を大事にしている、このおじさんのことがまだよく分からない。だから「あら、かさを　さしたんですか、あめが　ふっているのに」とびっくりします。この奥さんの言葉によって、傘の命に目を開いたというか、それと出会ったおじさんと、それを知らないおばさんとの間に大きなギャップができているわけです。おばさんには、そのことが分からない。

★　佐野洋子さんのこの絵本は「あめがふったら　ポンポロロン。あめがふったら　ピッチャンチャン」という擬声語の楽しさで子どもたちは読むと思われています。それで、音読で「ピッチャンチャン」「ポンポロロン、ピッチャンチャン」という雨の音を楽しみます。大事なことは、そのたのしい雨の音が、傘が傘として生かされているということです。読んでいて心に残った表現の意味を考えると、たのしい雨の音の表現からも、大事な意味が浮かび上がってきます。

＊　＊　＊

★　先生方ご自身が、絵本を見せながら、是非読み聞かせをやってみて下さい。今日、私が先生方に、心に残ったのはどこですかと聞いたように、印象点に焦点化して、「どうしてそこが心に残ったのか」と問い、「そこをもう一度読んでみようか、どういう気持ちなんだろうね」と読みをたがやし、『おじさんのかさ』の命というものに触れるようにしていくといいのではないでしょうか。

国語をかなり研究してきた、ベテランの先生の中にも、この『おじさんのかさ』はつまらない、おじさんが傘を開いただけの話で、あんなつまらない物語を教材にしても、子どもはなかなかついてこない、という人がいます。それは、この作品のよさがよく分からないんですね。

ベテランの先生でも『おじさんのかさ』のよさは分かっていないというのはどういうことなのか。それは、ピッチャンチャン、ポンポロロン、ピッチャンチャンの楽しさが分からないということです。そして「かさらしいじゃないか」と、そこに傘を発見する、傘のよさと出会う、傘の命を発見する、そういうおじさんの新しい発見の体験。そういうものをここに読むことができないということです。だから、これはつまらない物語だということになるのですね。

★　ほんの短い時間でしたが、先生方が今、心に残ったことを言ってくださった。そこから、文学の「読み」は始まるのです。昨日、扱った『少年の日の思い出』も、読んで心に残ったところ。例えば、エーミールという少年が僕にどのような態度を取ったのか。読者は「僕」の視点から読んでいきますから、そのときに、「僕」の視点から見たエーミールの態度が、「僕」に替わって読者の胸に響くのです。そういうところを取り上げ、そこをきっかけにしながら読んでいくといいと思います。

伴野先生が、昨日、「問いを立てる」ということを言われましたが、私も、文学の読みで最も大事なのは、どこを取り上げて、どう問うのか、その問いの立て方が大事だと思っています。「ここからここまでのところで、どんなことが分かるだろうか」「ここのところで、主人公のどんな気持ちか想像できるだろうか」というような「問い」では駄目なんです。「ここからここまで」ではないんです。「この言葉」が大事なのです。

どこを取り上げて、どのように問うか。それが「問いを立てる」ということの最も大事な問題です。

7　講演　「問い」を立て「追究する過程」としての国語学習

（於、山口大学）

内なる「問い」

学ぶという行為は、新しい知識を得ようとする場合も、新しい行動の可能性を求める場合も、「それは何か」という「問い」、あるいは「それはどうしたらよいか」という「問い」など、新しい世界や新しい可能性に対しての「問い」を内に持って始動します。そういう追究活動を通して「内なる問い」に自ら応える、その時に学習は一つの到達点に達します。後で述べますが、それが単元学習です。

読みの場合で言いますと、読みの能力は、テキストに関する何らかの「内なる問い」を、自ら解決すべき課題として、それを追究していくプロセスを通して身につけていきます。課題追究の読みの過程が、学力習得の過程となるわけです。主体の「問い」が、そのきっかけとなるのです。

行為としての学び　学びは、問うことから始まります。問うことなしに、主体の行為としての活動は始まらない、始動しない。「問い」を持ち、それを追究することにおいて成立するのが、「学ぶ」という行為だと言っていいだろうと思います。どんなにためになる有用な知識も、有用な技術も、外から与えただけでは「学ぶ」という行為は成立しません。「学ぶ」という行為が成立しないところで、ひたすら外から教え込むのを注入訓練と言いますが、そういう注入訓練によって身に付けた技術が、あるいは知識が本当に主体のものになるとは思えません。「内に問いを持つから、主体の学びの行為は始まる」と言っていいだろうと思います。

追究行為の契機としての「問い」を内に持つこと、はっきりと「問い」を立てること—それ自体が、「学び」です。問うことなくして、内側からの「学び」はないのです。「問い」を契機として「学び」が起動する。「問い」を、解決すべき問題として自らに課したとき、それが「課題」となるのです。

内側から問うこと　自ら「問い」を立てること、子ども自身が問題をとらえることの重要性に着目して、そこを起点として実践を展開した人たちがいます。戦後の早い時期の、香国研の人たちです。前の会長の倉澤栄吉先生が、昭和二十六年から四十年ぐらい香国研にかかわられました。私も途中から十五、六年かかわらせていただきましたが、一九六八年、昭和四十三年に野田弘著の『問題創造の学習過程』が出ています。問題提起と言っていいようなこの著書の提起した問題を、当時の人たちは受け止めることができたかどうか、いささか疑問でありますが、野田弘先生が書いておられる、その前書きの一節を読みます。

「『問題創造の学習過程』とは、児童みずからが、問題を発見することによって、教材内容を意識的に把握することから始まる。」

そして、「私たちは学習の出発を、問題を創ることに置く。」と言って、その立場を明確にしています。まさに「問題創造」と、その書名の通りです。このような提起が、昭和四十三年にされているのです。そして、香国研では、この後、「筆者想定法」の研究に入っていくわけであります。

香国研の「問題創造」に関して、さらに触れておきたいことがあるのですが、それは、「問い」はどのようにして生まれてくるかということです。端的に言って、「問い」の契機は他者との出会いにあります。他者との出会い、「おもしろいな」という共感的反応、「なぜ」、「どうして」という異化的な反応、そういうところから「問い」は生まれるのです。この香国研の『問題創造の学習過程』は、そのようなことにも触れています。そして、その他者との出会いの反応を自己認識して、その正体を明らかにしようとするところに、「問い」が生まれます。つまり、自らの情意的、あるいは知的反応をメタ認知の対象とするところに「問い」は生まれると言っていいだろうと思います。

「問い」の生まれるきっかけ　即ち「問い」はどのようにして生まれるかという問題。今日もたくさんそのような実践が発表されたと思いますけれども、「問い」がどこに、どのようなかたちで生まれるかということは、さらに研究していかなければならない大事な問題だと思います。

例えば今日の発表で、第二分科会の板倉香代さんの発表を、おもしろいなあと思いながら聞きました。板倉さんの実践は、一教材一単元であります。表現過程を掘り起こした実践です。紀要の十四ページの「問題の所在」の下から二行目に、『筆者』を意識し、筆者との対話を読みの手段として自覚化しながら学習を進めていく」とあります。「提案の趣旨」の六行目に、「子供達は、自然と『わたし』とはどんな人物なのか、なぜウナギのなぞを追っているのか、という問いをもつ。その問いを出発点とし、『筆者へのインタビュー記事を書く』という言語活動を設定したい」とあります。これは、香国研の「筆者想定法」ではありませんが……。香国研の「筆者想定法」は、現実に存在する書き手を想定するという、文学では作者研究が重要になりますけれども、そういう作家論的な作者を読むのでもなくて、「この文章を書いた筆者はどのような活動をしただろうか」というようにフィクショナルに、虚構的に思い描いて、そのフィクションの中で、その文章を生み出した筆者の活動を、情報を生み出すという行動として想定しているのです。フィクショナルな中でリアルなものを体験させる、表現過程を掘り起こすという点で、新しい読みを子どもにさせようとしているわけです。テキストのどこに、あるいは何に目をつけて、あるいはテキストのどのような特徴に目をつけて、どのような追究を、即ちどのような「問い」を立てていくかということ、そういうことに、この板倉さんの実践は一つの示唆を与えてくれたと思います。

「問い」を立てることが学習活動だとするならば、学習活動の契機となる「問い」はどのようなものであって、それをどのように立てるのかということは、実践的に解明していかなければならない、大事な問題だと思います。そういうたくさんの可能性を、今日の山口大会で、私は見ることができたように思います。

「問い」を核として展開する活動が、課題追究の活動ですが、それは、どのような活動かということが、次の問題になります。それは、情報を収集、比較し、関係づけて、思想内容を形成していく過程的行為——即ち、一つの価値ある意味世界を生み出していく、情報の生産、意味世界の創出といった過程的な活動と言っていいだろうと思います。学習活動とは、問いを立て、追究し、思想内容を形成する過程的な活動なのであります。それが成り立つのが単元学習です。というよりも、単元学習はそういうものを求めて進められるのです。

一つの価値ある意味世界を産み出すのが単元学習です。この山口大学でいうと、加藤宏文さんが『生きる力に培う主題単元学習』というご本を、平成十一年、一九九九年に出されています。西日本集会でいつもお世話になる世羅博昭さんは、この七月二十八日に早稲田での国語教育史学会で、「私の古典教育実践個体史—単元の編成と指導法の開拓を目指して」というテーマで講演をしてくださいます。

今日もお世話になっている愛媛大学の三浦和尚先生は、私たちの学会誌の一九九六年・七月号に「実の場で育つ今日的な力」というご論文を書いておられます。この特集は「国語の学力を育てる単元学習」というテーマでありまして、倉澤前会長が巻頭言を書いておられますが、今ちょっとご紹介しただけでも、特に西日本の先生方で単元学習に取り組まれた先生は、たくさんいらっしゃるわけです。

今日、小学校分科会のコメンテーターを務めてくださった今村久二先生は、夏に学会を開く品川学園の前身である品川小学校で校長先生をされました。先生の構想は、学校全体をエンサイクロペディア（百科事典）にするというものでした。学校全体に広がる多種多様な事物・事象を収集して、それに価値を認めて情報化する。さらにそれを再構成して、エンサイクロペデイアを構成する、といった活動でありました。すべての教科を超えた、国語単元学習であったと言っていいと思います。

「問い」を自ら解決すべき課題として明確にし、それを自らに課して、活動を開始する。様々な活動によってその課題を解決しようとする、その追究の過程を学習活動として構成するところに、単元学習は成立するのです。

主体的・生産的な単元学習例・広野昭甫氏の単元学習

最後に、広野昭甫先生の「昭和の五十年」という実践事例を紹介したいと思います。これは、中学校三年生の五クラスで、それぞれでクラス・テーマを決め、二〇〇点を超える文献・資料を収集・分類し、各クラス内ではグループごとのテーマで調べ学習を行い、最後に研究報告書にまとめて発表会を開くというように展開したものです。例えば、三年C組の場合は、「昭和史の暗い影＝戦争」というクラステーマを、更に「少年少女の戦争観」「戦争の遺した傷あと」「戦争中の庶民の生活」など、六つのテーマに分け、それをグループで分担して情報収集・活用活動を展開しました。別資料に岡田毅君の作文を紹介してあります。岡田君は、日用品のうつり変わりについて調べたのですが、題材を見ますと、その活動は、社会科のように思われますが、これは決して社会科ではありません。使用した文献・資料を見ると、歴史書、記録・体験記・手記・評論・小説・詩歌など多岐にわたっており、それらから、様々な情報を収集し、整理して、関係づけ、考察を深め、レポートにまとめ上げていく情報生産活動を、まさに「問い」をもって言葉（情報）とかかわり、追究を深めて、思想内容をまとめ上げていくという点、その過程で、リライトし、コメントするという活動は、国語単元学習の典型だと言っていいだろうと思われます。そして、本格的な国語単元学習は、汎用性の高い学力を育てる学習として、教科の枠組みを超えていくのです。このような先輩たちの実践的提案を受け止め、それを越えていくのが、後に続く者の責務ではないでしょうか。

（文責・岸本憲一良）

8　子どもが生きる〈創造の読み〉の授業

1、子どもが生きる授業

授業は子どもが生きる場である。子どもが生きてこそ、学習は子ども自身のものとして成立する。

学校教育の中で、子どもは「児童」と呼ばれ、また「生徒」と呼ばれるのだが（注1）、その「子ども」が生きるとは、制度の枠にとらわれることなく、自らの好奇心や問題意識、さらには自己実現の欲求につき動かされて行動するということである。

今日、学習者の関心や意欲が重視され、教師主導型の授業からの脱却が求められているのは、一問一答式や穴埋めワーク・シート方式では、児童・生徒自身による学習課題の発見や追究活動としての学習が成立しにくいからである。外から強制して児童・生徒をまじめな学習者として管理することは容易であろう。しかし、学習におもしろさを感じなければ、彼らは一人の子どもとしてその活動に打ち込みはしないだろう。

端的に言って、授業がおもしろい時、子どもは生きている。授業はおもしろくなければならない（注2）。そのおもしろさの質が問題ではあるが、まずは、おもしろい授業を考えよう。おもしろさを求めて、授業を変えよう。

国語科で言うなら、子どもが生きるとは、学校の成績や入学試験を前提とした正しい答案を求めるのではなく、一人の読み手として他者（ひと）の言葉を受けとめ、一人の話し手として自己の言葉を語ること…である。すなわち、一人の言語主体として言葉とかかわり、そのことで自己充実・自己実現をはかることである。

殊に、言葉の学習は、聞く・話す・読む・書くの言語活動を通して成立する。すなわち、聞く・話すことの能力は、聞く・話すの活動を通して身につくし、〈読み〉の学習は読む行為を通して、また、作文の学習は、書く行為を通して成立する（注3）。

だから、たとえば〈読み〉の学習では読むという行為自体をいきいきとしたもの、児童・生徒にとって手ごたえのあるものにしなければならない。未知への好奇心をつのらせ、他者理解と自己実現の欲求をかき立てるものにしなければならない。

国語教室こそ、まさに生きた言語活動・言語生活の場であり、そこでこそ、言葉の学び手として子どもは生きるのである。

2、子どもが生きる〈創造の読み〉

〈読み〉は、本来、創造的な行為である。たとえ、新聞記事に対するような情報受容の〈読み〉であっても、読み手は、言葉とかかわりながら、一つの認識を形成し、さらに、それに対する何らかの感想・批評を成立せしめる。殊に、文学の〈読み〉は、そこに虚構としての一つの完結したイメージと意味の世界を形成し、そこを経験するという点で、きわだって創造的である（注4）。少なくとも、文学の〈読み〉は、新聞記事の〈読み〉のように、指示内容が明確になったら、そのはたらきを終えて意識から消え、あとに指示内容だけが残るというようなものではない。テキストの言葉とのかかわりを通して、〈読み〉はたえず意味を創出し、また、感動を反芻し、批評を喚起し続ける。その意味で、文学の〈読み〉は、まさに創造的である。〈そのような〈読み〉を、〈創造の読み〉と言う。〉

〈創造の読み〉は、決して特殊な〈読み〉ではない。文学の読者は、テキストの言葉とかかわって、イメージと意味の虚構世界を創出し、そこに参加して何らかの知的・情意的な反応をする。〈創造の読み〉は、そのようなごくふつうの〈読み〉である

ところが、国語科の授業では、正解の〈読み〉を前提とした教師主導型の学習が圧倒的に多い。すなわち、イメージと意味の虚構世界の創出とそこへの参加よりも、言葉の指示内容の完全理解、あるいは、文章の分析技術の習得が優先するために、〈読み〉の学習は、創造的な体験としては成立しにくくなっているのが実状である。しかし、児童・生徒は、文学テキストを前にして、一人の読者である。たとえ、教材であっても、児童・生徒は、言葉とかかわって虚構世界を体験し、感動に胸をゆすぶられたり、問題意識を喚起させられたりする。つまり、児童・生徒は、本来、教材である文学テキストを一人の読者として読むのである。その一人の読者としての〈読み〉が、〈創造の読み〉である。児童・生徒が、一人の読者として、自由な発想で、〈創造の読み〉を体験す

注1　学校教育の中の児童・生徒を「子ども」とよぶのは、学習者としての自立性を認めぬものだという批判もあるが、逆に、「子ども」は制度の中に位置づけられないばかりか、大人に相対し、独自の世界を持つものであるとしてそれをキーワードとする場合もある。
注2　個を生かす指導―授業におけるおもしさの復権」（拙著『読み手を育てる』明治図書参照）
注3　国語科では、必要に応じて、ある知識・技能をとり出して学習することもあるが、しかし、基本的には、文章を読んだり、書いたりすることを通して学習する。
注4　文学の〈読み〉は、次の三つのはたらきよりなると考える。
・意味形成　・イメージ生成　・反応・批評（前出、拙著『読み手を育てる』参照）

る時、彼は、正解到達を求める制度の枠から自らを解放する。その時、子どもは、文字テキストの読みを通して、自らを生きるのである。

3、子どもが生きる学習活動の開発

文学の〈読み〉のおもしろさは、人間との出会いにある。童話・小説はもとより、詩歌に対しても、読者はそこに人間との出会いを求める。その意味で、文学の〈読み〉は、人間追究行為、あるいは人間理解行為である。童話・小説の場合、読者は、主人公を中心に登場人物の言動をとらえて、人物像を描き、その言動の意味を考える。虚構の中だからこそ日常的なものさしにとらわれず、ただ言葉だけを手がかりとして想像や解釈を自由に進めていくことができる。

その人物をどう思い描き、その言動をどうとらえるかによって、人間との出会いの質が変わってくる。すなわち、〈創造の読み〉の中で、一人ひとりの読者は、その読者だけの、ある人間との出会いを体験するのである。たとえば、それはどのような〈読み〉なのか。教材「スイミー」の一節（注5）を取り上げて、考えてみよう。

スイミーが小さな赤い魚たちに、「出てこいよ。…」とよびかけると、赤い魚たちは「だめだよ。…」と言ってことわる。それに対するスイミーの「だけど、いつまでも　そこにじっとしているわけにはいかないよ。…」をどう読むか。児童に自由に音読をさせてみると、実にさまざまな〈読み〉が生まれる。大きな声、元気な声で、怒っているように、あるいは仲間たちを励ましているように、はつらつと読む子もいれば、低い声で、文句を言うように、あるいは憤慨しているように読む子もいる。中には、静かな声で、考え込んでいるように、あるいは嘆くように読む子もいる。「だけど、いつまでも…」というスイミーの言葉が、子どもたちの中でさまざまに意味を持ち、さまざまにイメージ化されているのである。音読が解釈を生み、〈創造の読み〉を引き出すのである。

さらに、ここでのスイミーの言ったこと・したことを取り上げ、スイミーに何かひとこと言ってやる、あるいは手紙を書いてやるとする。これは、スイミーに寄り添いつつも、「スイミー、君は…」と二人称で語りかけるわけで、そこには、素朴ながらも虚構体験としての批評が生まれる。

また、スイミーを励ます「スイミーの応援歌」や「スイミー・主題歌」を作ったとする。あるいは、「スイミーの勇気」とか「スイミーのちえ」といった題をいろいろと考えて作文を書いたとする。すると、これらの作業は、臆病な仲間たちを励ましつつ、危機的状況に立ち向かうスイミーをどうとらえるか、またどう考えるかを児童から引き出すことになるだろう。すなわち、これらの作業は、第三者としての反応・批評を引き出す仕掛けの役を果たすのである。

スイミーのこの部分だけでも、読者としての児童は、言葉を手がかりにイメージ（人物像）をふくらませ、日常生活では出会えぬ人物との出会いを体験する。同時に、その人物の立場に立って想像を膨らませ、状況を共有

注5　（教材本文）

「出てこいよ。みんなで　あそぼう。おもしろいものがいっぱいだよ。」

小さな赤い魚たちは　答えた。

「だめだよ。大きな　魚に　食べられて　しまうよ。」

「だけど、いつまでも　そこに　じっとしている　わけにはいかないよ。なんとか　かんがえなくちゃ」

スイミーは考えた。いろいろ　考えた。うんと　考えた。それから　とつぜん　スイミーは　さけんだ。

「そうだ。　みんな　いっしょに　およぐんだ。海で　いちばん　大きな魚の　ふりを　して。」

する。しかも、彼は、人物に寄り添いつつ、その人物を対象化し、批評するのである。

以上、「スイミー」を例に見たような、ちょっとしたさそいかけが、〈創造の読み〉を触発する。その〈読み〉を触発する仕掛けが学習活動、あるいはそのきっかけとしての課題、あるいは教師の発問・指示である。すなわち、どのような学習活動を設定するかが、そこに成立する〈読み〉のあり方を左右するのである。

4、まとめ

授業を変える——その視点の一つが〈創造の読み〉を触発する学習活動の開発である。学習活動を開発していくには、次の二つのことがおさえられていなければならない。

1　教材の言語表現上の特質をふまえ、そこでどのような〈読み〉を成立させようとするのか、すなわち、どのような〈読み〉の力をつけるのかを明確にする。

2　児童・生徒の関心・意欲に根ざすとともに、一人ひとりの個性をひき出し、自己実現の充実感が感じられるような活動を工夫する。

どんなにおもしろい活動でも、教材の〈読み〉がおろそかになるような設定をしてはならない。その活動が、必然的に児童・生徒の意識を文学テキストの言葉、あるいは言葉の構造にむかわせるとき、はじめてそれは、〈創造の読み〉の仕掛けとして子どもを生かすことができるのである。

（元原は江戸川区平井小での講義、二〇一三）

二、国語科革新の視点
——学習の内容・方法を問い直す

1 国語教育復興論
——子どものことばの現実から

1 国語科教育復興論の視点

国語科は、子どもの言葉の生活に責任を持たなければならない。ところが、その子どもの言葉の生活が、今や、危機に瀕しているのではないか。よく言われることだが、物事をしっかりと考えようとせず、またじっくりと話し合おうとしない子どもが増えているといったことの上に、今の子どもの問題が端的にあらわれているが、それは、まさに言葉の生活の問題だと言っていいだろう。

言葉で思考し、言葉で自己を表現し、言葉で人とかかわるところに、言葉の生活の原点がある。そこでは言葉が、思考と表現と人間関係の形成を支えるものとして機能する。ところが、全ての活動が実利効用に支配され、自己中心的な志向性が強くなっていく中で、言葉はそのような主体創造・人間形成的なものとしては機能せず、子どもの人間としての生き方と疎遠なものになっているのではないだろうか。

「復興」は、今日の問題をとらえてこそなされるべきで、そうだとするなら、言語による思考・表現と人とのかかわりをつくり出すコミュニケーションの教育の復興を論じないわけにはいかない。もちろん読解力は重要だが（そのことについては、私も『教育新聞』’06・7・27などで強調してきた）、しかし、今日的視点に立って国語教育の復興を論じようとすると、どうしても子どもの現実を見ないわけにはいかない。以下、子どもの言葉の危機を視野に入れて、国語科は今何をすべきかを考えていくことにしたい(本稿では、特に「表現」と「コミュニケーションの問題を取りあげる)。

2 コミュニケーション力の問い直し

今の子どもの言語生活に関する問題の第一は、言葉遣いが乱暴で、すぐにふざけたり、むかついたり、簡単に切れたりしやすいということにあるのではないだろうか。言葉が、人間関係を形成していく上で十分に機能していないのである(私的な域を出ないが、私が父母・教師を含む百名ほどの社会人を対象に行った自由記述式の調査でも、そのような点を指摘したものが多かった)。そのことに関係するが、やはり今の子どもの問題として気になることに、コミュニケーション関係が閉ざされているということがある。早稲田大学における科研費補助の調査研究「子どものコミュニケーション意識」では、過去から現在にかけて人間疎外に陥っており、しかも、向上の意欲も失っている子どもが存在した。また、グループで活動はできるのだが、一対一の関係(「対」の関係)をつくることのできない子どもも存在した。それは、「群れ」はできても、「対」のコミュニケーションが失われている子どたちである(田近編著『子どものコミュニケーション意識』学文社刊、参照)。

今日、基礎・基本の学力低下問題をきっかけに、それまでの「話す・聞く」教育への熱気が冷めて、読解力と漢字力に重点を置いた教育プランが進められている。私もこれまで読解力の重要性を主張してきたし、また十年ほど前から基礎学力としての漢字力の見直しを提唱してきたが、しかし、前述のような子どもの現実を見るなら、改めてコミュニケーション教育のあり方を問い直さなければならないと考えている。特に「話す・聞く」を柱とするコミュニケーション力を、情報社会における社会的効用の面だけでとらえず、共に学び共に生きる人間関係形成の視点からとらえ直していかなければならないのではないだろうか。そして、人が人として生きることを支える重要な教育内容として、教科の枠を越えて、学校教育全体の中に位置づけていく必要があるように思う。すなわち、学校は、あらゆる学習と生活の場で、一対一であるいはグループで、一つの課題を中心に話し合い、相互の理解を深めるとともに、課題に対する追究を深めていくようにするのである。それが、「群れ」の中で自立し、他と「対」の関係をつくっていく力を養うことになるだろう。その立場を明確にするなら、国語科は、畢竟するに、そのための方法の習得を学習内容としなければならない。

国語力、なかんずくコミュニケーション力は、全ての教科の学習を支える学習力であるが、同時に、他者とのかかわりを生みだし、人間としての存在を確かなものにする自己確立の基礎能力である。国語科が、「対」の関係の中で相互のかかわり（インターラクション）を深め、共に学ぶ「話し合い」の意識と能力とを高めることができるなら、それは全ての教科の学習を支えるだけでなく、今日の子どもを人間関係の硬直化から救い出すこともできるであろう。大事なことは、インターラクションとしての「話し合い」の成立にある。どうしたら、相互関係的な「話し合い」を教室に取り戻し、その能力を高めることができるか、そこに、国語科教育復興の第一の鍵がある。

3　現実認識力としての書く力の見直し

上記のこととも関係するが、今の子どもの問題としては、事実そのものをしっかりと見つめようとせず、主観性や自己中心性が強い反面、自立心が弱く、自分のこととなると冷静な判断に欠け、甘えとわがままの中で、すぐに感情的になったり落ち込んだりする…というようなことも言われる。もちろんそれらのことを、そのまま国語教育の問題とすることはできない。しかし、私は、子どもが、自分の体験した事象を、事実に即してしっかりとふり返り、ありのままに文章に書くということが極端に少なくなっていることと無関係ではないと見ている。すなわち、子どもの言葉が、自分の直面する現実を事実としてとらえ、自己をふり返る上で十分に機能していないのである。

最近、わたしは、「ながさきの子ども等」というサブタイトルの着いた三冊の作文集（ゆるり書房刊）を読んだ。指導者（編者）は、この春に三十四年間の現職を退かれた永山絹枝さん（長崎作文の会会長）である。その三冊の文集に、私は、素朴ながらも確かな子どもたちのものを見る目を見た。子どもたちは、学校での生活を見つめ、家族や友達のこと、地域や社会のことを、事実を通して描いていた。この文集に見られるような、自分の目で事実をとらえ、それを文章に書くという行為は、子どもの成長にとってきわめて重要な営みなのではないだろうか。自分の体験や見聞した事象を、事実としてしっかりと見つめるという行為は、ややもすると人が陥りがちな主観性や自己中心性を克服することにつながると思われるからである。

事実に即してものを見、それを確かな言葉で書き記すことは、我が国の作文教育の伝統的なあり方であった。それは、文章表現力を育てるとともに、主観を克服して、自己を確立していく自己対象化あるいは自己認識の能力をも育てるものだったのである。今、ややもすると甘えとわがままに陥りがちな子どもの現実態を見る時、事実を見つめ、言葉でしっかりととらえるという視点から、改めて作文・綴方教育の意義を問うてみる必要があるように思う。そのための「書く力」と「書くこと」の教育の見直しは、国語教育復興の重要な鍵となるのではないだろうか。

他者とのかかわりを通して、人は自己を確認し、確立する。コミュニケーションによる自己の相対化が、自己認識を確かにしていくのである。

しかし、自己認識の形成という点では、他者とのかかわりの前に、さらに直接的で重要な契機がある。それが、自己表現行為である。なかんずく、対象を正確にとらえ、それを文章にまとめるという行為は、言葉が、対象に対する主体の感覚の最先端ではたらき、対象認識を成立せしめるのである。

① 人の話を聞くことを必然とする活動を設定する。

② 一対一のペアの活動を定着させる。特に、様々な形のペア学習を経験させる。

③ 3人以上のグループでは、司会を置いて話し合いをする。

④ 学習活動として、「受けて話す」を必然とするような活動を設定する。

⑤ 対話台本・会話台本を作らせる。また高学年では、司会のマニュアルを作らせる。

対話台本は、えんぴつ対談の手法を使って、二人で作らせてもよい。

2　情報の処理・活用の教育

1　主体の受容行為としての〈読み〉

文学テキストの読者は、ことばとかかわることで自らの内に虚構世界を創り出す。すなわち、文学の〈読み〉は、ほかならぬその読者自身のものとして成立する、きわめて創造的な意味形成行為である。

しかし、〈読み〉が読者自身のものだということは、十人の読者が十色の違った読みをするということではない。十人の読者が、それぞれ自分の〈読み〉をするということである。言い換えると、〈読み〉は、読者それぞれの主体的な受容行為として成立するということである（「十人十色」とは、それを比喩的に言ったものとして理解すべきである）。それは文学領域の読みだけのことではない。すべてのジャンルに共通の、〈読み〉の基本的な性格である。

例えば、新聞のニュース記事であっても、理科的な内容の報告や説明であっても、読者にとってそれは、そのことばとかかわって思想内容＝意味世界を形成していくテキストである。読者は説明的（あるいは実用的）な文章の場合も、それをテキストとして、一つの意味世界を形成していくテキストである。読者は、説明的（あるいは実用的）な文章の場合も、それをテキストとして、一つの意味世界を形成していく。それが理解＝受容行為である。

例えば、新聞のニュース記事であっても、理科的な内容の報告や説明であっても、読者にとって、それは、そのことばとかかわって思想内容＝意味世界を形成していくテキストである。読者は説明的（あるいは実用的）な文章の場合も、それをテキストとして、一つの意味世界を形成していく。それが理解行為＝受容行為である。

確かに、説明的・実用的文章の〈読み〉の場合は、その過程において、文学的文章ほど、読者独自の解釈の入り込む余地はないかも知れない。だから、詩歌や小説などに対して、記録や説明、論説の〈読み〉は、筆者が伝えたいことをそのまま受け止めていく意味伝達行為だと考えられており、読者の主体的な受容行為としては見られていない向きがある。しかし、記録・説明・論説の〈読み〉であっても、読者は、文脈をたどり、ことばを関係づけながら、思想内容＝意味世界を形成し、何らかの反応をしていく。すなわち、読んで理解するということは、読者のはたらきとして言うなら、ジャンルを超えて、意味世界形成行為であり、享受反応行為なのである。

情報の収集処理の活動も、〈読み〉の教育としては、以上のような主体的行為としてみていかなければならない。読者論的な受容理論の観点の導入は、説明的・実用的な文章においても有効なはずである。

2　情報読み

〈読み〉は、テキストのことばに対する読者のかかわり方のあらわれである。言うならば、〈読み〉は、テキストと読者との関係として成立する。したがって、文学的文章に限らず、すべてのジャンルにおいて、〈読み〉を生み出す装置としてのテキスト構造のあり方と、それとかかわる読者のあり方が、〈読み〉のあり方を左右することになる。

どのようなジャンルの文章かは、テキスト構造に関する問題の一つであって、受容理論はジャンル規定を前提として、その有効性を発揮するとは考えるべきではないであろう。つまり、読者のはたらきかけは、すべてのジャンルの文章に対して行われるのであって、テキストに対する読者のあり方・かかわり方が〈読み〉を左右するのである。

では、〈読み〉を左右する読者のあり方・かかわり方とはどのようなものだろうか。それは、主として次の四項だと考えられる。

(1) 過去の経験やすでに身につけている知識。

ア、自然や社会などに関する知識。

イ、言語や言語文化に関する知識。

(2) 諸事象に対するものの見方や考え方。

ア、価値基準や価値観など、物事の価値に関する受け止め方。

イ、興味・関心の持ち方や問題意識のはたらかせ方。

(3) 〈読み〉の契機、あるいは目的。

ア、〈読み〉を必要とする課題状況と、〈読み〉の外的・内的契機。

イ、〈読み〉の目的。

(4) 〈読み〉の能力

ア、文脈をたどり、ことばとことばとを関係づけて、文章全体を構造化する能力。

イ、目的や必要に応じて、ある観点から文章を再構成する能力。

一般に言う「情報読み」とは、文章を情報として読むことである。あるいは、文章の中に、価値ある情報を見出す読みである。
そのような「読み」は、読者が、情報の収集者として文章に向かい合った時に、初めて成立する。したがって、その成立は、文章に対する読者のかかわり方、すなわち文章を情報としてみる見方によるものだと言っていいだろう。

3 情報読みの契機・目的、及び能力

文章〔厳密には、その記述内容〕が情報となるのは、読者がそこに情報価値を見出すからである。そこに、情報価値があるのは読者が情報を求めているからである。まず、読者が、何らかの解決すべき問題〔課題〕と直面し、その解決を迫られている状況〔課題状況〕にあるということ、その課題状況を正確に認識しているということが、情報読みの出発点である。

課題状況を認識するところに、〈読み〉の目的が生まれる。問題を解決するとか、ある話題に関する情報を集めるとかの目的である。そのような目的をもって文章に対し、課題状況および目的から見て何が必要な情報かを認識すること、そして、必要な情報を集めることが情報読みの基本的な活動である。

次に、情報読みの、成立過程を整理しておこう。

情報読みの基本的な過程

①観点の設定	課題を解決するためには、どのような情報が必要か。

②文献の探索	・何から（どのような文献を資料として）、必要な情報を集めるのか。 ・その文章には、資料として、どのような特質、あるいは問題があるのか。
③情報の収集、・整理	・文献と文献、あるいは情報と情報との間には、どのような 関係があるのか。（どのような共通点と相違点があるのか。） ・収集してきた情報をどう整理したらいいのか。
④情報の検討	・収集した情報に、客観性・実証性・整合性の上で問題はないか。また、足りない情報（さらに収集すべき情報）はないか。
⑤情報の保存・加工＝再生産	・収集した情報は、どのようにして保存したらよいか。また、どのような情報として加工し、再生産するのか。

情報読みの能力（情報の収集・整理の能力）というと、以上、①〜⑤の過程にはたらく能力の全体を指すが、前節の「2、情報読み」で、「（4）〈読み〉の能力」としてあげたのは、①〜⑤の過程の中の、特に、「③情報の収集・整理」「④情報の検討」に関する能力である。すなわち、情報の収集を前提とすると、「観点設定」「文献探索」「保存・加工」といった点で、ただの文章の〈読み〉よりも活動の幅が広がるということが言えよう。

情報の収集・処理活動としての情報読みは、与えられた文章を読むだけではなく、情報を必要とする課題状況に応じて文献を探索することから、理解内容を情報として再生産するところまでの一連の活動を含んでいる。その中でも、「（4）〈読み〉の能力」が、情報読みを支える中核的な力であることは、改めて言うまでもない。

4　国語科における情報処理能力

言語活動は、〈読み〉の領域だけではなく、〈書く〉も、〈話す〉〈聞く〉のいずれも、情報の収集・活用活動である。例えば、〈聞く〉は、情報を受容・収集することだし、〈話す〉は、情報を生産・提供することだ。少なくとも、〈聞く〉〈話す〉には、そのような性格の活動が含まれている。もちろん、〈書く〉も、基本的には、同様の性格の活動として実践される。だから、情報処理能力を養うことは、言語能力を養うことにつながり、国語科の学習内容として位置づけられることになる。そのため、国語科においては、早くから情報処理能力の育成を教育内容そのものとして、重視してきたのである。

繰り返すが、言語活動は、基本的に情報処理活動である。ことに、〈読み〉は、文献を対象とした情報行為である。そこで、前節であげた情報読みの基本的な過程①～⑤に即して、文章（文献）の〈読み〉を、情報の処理・活用活動として分析し、能力と、それを成立せしめる〈読み〉の観点とを、後掲の表「情報処理・活用一覧」に整理しておこう。

この一覧表は、特に情報処理に重点を置いて読みの全体をとらえたものであり、情報処理・活用教育を構想していく上での拠り所となるはずである。しかし、情報の処理・活用は、過程的行為であり、文献の〈読み〉で言うと、それぞれの段階ごとに活動は多様である。しかも、情報処理活動の内実は、ある情報との出会いが、新たな問題発見の根拠となる（問題解決のための読みが、新たな問題発見の活動となる）というように重層的であり、また文献が、人により、さらには状況との関係によって異なった情報価値を有する（情報自体、主体と状況との関係で発見される）というように複雑である。

実際の授業は、以上のようなことに留意して、あくまで情報処理・活用を主体の活動として設定するようにしなければならない。それが、情報処理・活用教育の基本である。

国語科における情報処理・活用活動一覧〈文献の〈読み〉を中心に〉

情報の分類	国語学力としての情報処理・活用能力	
Ⅰ　情報収集の観点の設定。（どのような情報を収集するか）	ア、問題解決のために収集する必要のある情報がわかる。 イ、ある問題に関する情報を得るために必要な文献がわかる。	ア、問題解決のためには、どのような情報が必要か。また、どのような観点から情報を集めたらよいか。 イ、ある情報を得るためには、どのような文献が必要か。
Ⅱ　情報の収集＝文献の探索（どのようにして収集するか）	ア、必要な情報の収集方法、あるいは文献の探索方法（図書館などの利用方法）がわかる。 イ、必要な文献・資料を収集、あるいは文献を探索する。	ア、必要な情報をどのようにして収集するか。また、文献を探索するにはどうしたらよいか。 イ、必要な情報（あるいは文献・資料として、実際に何があるか） （情報一覧表・文献目録の作成）
Ⅲ　情報の収集＝分析（1）情報価値の発見（どのような情報価値があるか）	ア、その文献に含まれている情報内容を取り出す。 イ、その文献の情報として有効性をとらえる。	ア、その文献は、どのような情報を提供しているか。 イ、どのような問題を解決するのに役立つか。また、必要な情報として、どのようなものを含んでいるか。

Ⅳ　情報の収集 ＝分析（２） （文献にどのような問題があるか）	ア、足りない情報がわかる（更に、他の文献によって収集・補足すべき情報は何かがわかる）。 イ、情報の客観性、実証性、整合性をとらえる。	ア　問題解決のために、どのような情報が足りないか。さらにどのような点を明らかにすべきか（その文献だけでは不明確な情報は何か）。 イ、その文献には、どのような問題があるか（客観性、実証性、整合性の上で、問題はないか）。
Ⅴ　情報の分類・整理 （情報をどう分類・整理するか）	ア、情報分類の方法・観点を司会して、実際に分類する。 イ、情報を保存、あるいは、利用するために、ノートやカードなどを使って整理する。	ア、情報をどのように分類したらよいか。（話題別分類の仕方など）。 イ、情報をどのような方法で、整理・管理するか。（カードやノートの利用の仕方など）
Ⅵ　情報源の検討 （１）背景の検討 （どのようなところから出た情報か）	ア、情報源をはっきりさせ、提供者の立場や考え方などをとらえる。 イ、情報を時間的、空間的、社会的な背景のもとに置き、状況との関係をとらえる。	ア、どのような立場や考え方（意図、目的など）のもとに出された情報か（情報提供者はどのような立場に立ち、どのような考え方をする人か）。 イ、どのような状況（時間的・空間的・社会的な条件）のもとに出された情報か。

Ⅶ 情報の検討 （2）文献相互の関係把握 （その情報は、他の情報とどのような関係にあるか）	ア、情報（文献）相互間のデータやそのとらえ方、解釈の仕方などに見られる共通点、差違点をとらえる。 イ、情報（文献）を、時代、出典、提供者などによって分類する。	ア、情報（文献）相互の間に、どのような共通点・差違点があるか。特に、データやそのとらえ方、あるいは解釈に、どのような違いがあるか。 イ、それぞれの情報は、相互にどのように位置づけられるか（時代、出典、提供者などによる分類）。
Ⅷ 情報の保存・加工 （収集した情報をどう再構成するか）	ア、問題解決のため、収集した情報を関係づけ、再構成して、価値ある情報としてまとめる（再構成する）。 イ、場に応じ、有効な情報として加工し、保存する。	ア、どのような情報として再構成するか。 イ、どのように文章表現するか。

5　情報収集・活用としての〈読み〉の教育

情報読みは、文章を情報としてみる読者のあり方・かかわり方を前提とするものである。読者のかかわりの影響を強く受けて成立するという点で、情報読みも読者論的な性格の強い〈読み〉だと言えよう。

ところで、情報読みの読者は、自分の直面する課題状況に立ち、課題解決に必要な観点から文章を読み、その観点から叙述に意味を見出していく。他の人には意味のないことばにも、その読者なりの意味を見出していくこともある。それが、情報価値の発見につながるのである。

ところが、情報発見者としての読者は、自分の観点を越え、その文章の全体構造を客観的にとらえる構造理解の読者でもある。それが、前述した2節の「⑷〈読み〉の能力」であげた「ア、文脈をたどり、ことばとことばとを関係づけて、文章全体を構造化する能力」と「イ、目的や必要に応じて、ある観点から文章を再構成する」との関係である。両者の関係で言うと、イの情報の〈読み〉は、その土台に、アの文章の〈読み〉がなければならない。また、イの情報の〈読み〉は、アの文章の〈読み〉に支えられて、その客観性を確保するのである。

文章の中に価値ある情報を見出す（あるいは、文章に情報価値を与えていく）読みと、文章の表現構造をとらえる読みとの関係、すなわち、主体的な情報収集活動と客観的な文章理解活動との関係は、決して二律背反的なものではない。受容行為としての〈読み〉は、両者の重なりの上に成立するのである。これからの〈読み〉の教育は、その成立の過程と手続きを実践的に明らかにしていかなければならない。

3　情報化に対応する国語科
――ことばの学習としての情報受容・活用教育の実践

1　自己学習能力としての情報受容・活用能力
――情報教育は、自己学習の成立過程のモデルとして設定されなければならない。

情報化時代の進展とともに、情報教育は、ますますその必要の度を増してきている。しかし、情報能力が重要なのは、単に情報化に対応するためだけではない。情報を受容・収集し、再構成・活用していく能力が、個々の事象をデーター（情報）として関係づけ、一つの認識を形成していくという点で、すべての認知の領域において、その学習を成立させる能力（自己学習能力）だからである。

国語科において、特にそれは重要である。それは、情報を受容し、活用する能力は、理解・表現の両面におけることばの能力であり、それがまた、言語を仲立ちとした自己学習能力だからである。したがって、情報教育は、情報化への対応を考える前に、自己学習能力を養うための基本的な学習活動として設定されなければならない。

2　国語学力としての情報受容・活用能力
――情報能力は、国語学力の中核に位置づけられるべきものである。

小学校の社会科においても、「情報」は、重要な学習内容として位置づけられているが、それが情報化社会への対応を直接的な目的としていても、それは教科の性格上当然のことである。しかし、国語科においてそれが重要なのは、上記したように、これからの時代、言語生活の中で、情報の受容・活用の能力が重要な役割を占めるからと言うだけではない。もちろん、それもある。それもあるが、さらに本質的に重要なのは、それが、言葉を仲立ちとして、一つの認識を形成していくとともに、語彙や文法などの言語を習得していく能力、つまり、言語面での自己学習能力だからである。

これからの国語教育において、情報の受容・活用の能力は、言語能力であると同時に、言語習得過程にはたらく言語習得力＝言語に関する自己学習能力として、国語学力の中核に位置づけられなければならないだろう。

3　国語教育としての情報受容・活用教育

――情報教育は、読む・書く…の言語活動を、空洞化するものであってはならない。

この数年、単元学習として、ある話題に関する情報資料を集めて一枚の新聞を作る、あるいは発表会を開くといった学習活動が多く見られるようになってきた。私は、単元学習は大事だと思っている。また、学習活動としての情報受容・活用活動も大事だと思っている。しかし、情報資料の十分な読みも成立していないところで行う関係資料の切り抜き・寄せ集め方式の情報再構成活動は、情報化の波に巻き込まれるばかりだと考えている。

情報資料をテキストとしてしっかりと読むこと（受容すること）、そして受け止めた情報を自分の立場から価値づけし、再構成して発信すること（活用すること）、その一連の情報の受容・活用活動を抜きにしては、国語学習としての価値ある情報行為は成立しない。情報行為の内実こそが、問われなければならない。

国語教育において、情報教育の重要性が提唱されたのは、一九七〇年代のことで、それからすでに半世紀が経過しているが、実のところ、情報収集・発信の活動形態ばかりが先に立ってしまっているところに問題があるように思われる。殊に、マルチメディアの時代を迎えて、国語科としては、情報の受容・活用活動を言語行為として充実させていかなければならない。

なお、私は、情報の収集・整理の段階の活動を、「受容」と言っている。それは、情報の受信段階の活動を「収集・整理」としてしまうと、情報テキストに対する分析や批評が、活動として明確にならないからである。特に国語教育においては、情報テキストの読みを、提供されている情報を事柄の面だけで受け止めるような「事がら読み」にしてしまってはならない。文学テキストの受容の場合と同じように、情報テキストの読みを受容行為として位置づけ、その内実を明確にしなければならないと考えるのである。

4　情報の受容・活用の過程

――情報の受容・活用活動は、問題の、多角的な追究過程として設定されなければならない。

情報の受容・活用活動は、次のような過程的な行為として実践される。

（1）課題追究計画の段階
①　問題を発見し、課題を設定する。
②　課題を分析し、追究計画を立てる。
（2）情報受容の段階

①情報資料（テキスト）を収集し、分析する。
②情報を収集し、検討・分析・批評する。さらに、③情報を整理し、選択する。

（3）情報活用の段階
①情報を蓄積し、保存する。
②情報を記録・報告し、解説する。
③情報を加工・再構成し、発信する。

5 情報の受容・活用活動の問題点

――情報活動を確かなものにするポイントは、情報資料、あるいは情報そのものの分析・批評、及び選択である。

提供された情報を、そのまま無批判に受け取るのではなく、あとにあげるような視点から十分に検討し、その情報としての価値や問題点を明らかにしなければならない。それと同時に、課題解決のためにはどの情報を活用するかの選択が必要になってくる。

教室での、情報活用活動は盛んになされるようになってきたが、情報の収集・整理に比べて、分析・批評と選択とは、わずかな例外はあるものの、活動としては曖昧なままだと言っていいだろう。情報の価値と問題点とを見抜き、適切な選択をするということは、一般社会における情報受容・活用活動の中でも、最も難しい問題であるが、学校教育においては、情報テキストの読みとかかわって、国語科が責任を持つべき問題である。

情報の確かな受け手を育てるために、これからは、次のような視点からの情報及び情報テキストの検討が、特に重要になってくる。

ア、情報源、及び情報資料の信頼性。
イ、情報提供者の立場、及び意図。
ウ、情報の主観性、及び整合性。
エ、情報の価値、及び適切さ（有効性）。
オ、情報・情報資料の問題点（疑問点）。

なお、情報選択は、以上の情報の検討の上に立って、課題解決のために、その情報が、①必要かどうか、②適切かどうか、③信頼できるかどうか、の視点から行われなければならない。

また、上記した情報活用の三つの活動（保存、伝達、加工・発信）を効果的に行うにはどうするかの検討は、まだ不十分である。作業を効果的に行うための学習活動の仕掛けをどうするか、あるいは、教師の適切な支援をどうするかなど、それらは当面する実践上の課題である。

6　明日への課題

課題①　複数資料・複数情報の関係づけ

情報化社会においては、一つの話題・課題に関して、複数の情報源から、複数の情報が提供されるのが普通になってきた。そして、情報の受け手も、一つの情報源からの一つの情報だけで満足することはなくなってきている。常に、情報源を視野に入れながら、複数情報を比較し、それぞれの情報としての特質をとらえ、提供された情報をどう受け取るか、またどう批判するかを考えざるを得なくなってきている。即ち、情報を提供する一つの文章を情報テキストとして読めば、それで事足りるというわけにはいかなくなってきているのである。同一課題に対する複数の文章を情報テキストとして処理するには、情報受容行為としてのどのような読みが要求されることになるのだろうか。端的に言うなら、求められるのは、同一課題に対する次の二つの読みである。

ａ、複数テキストを比較し、差違を明確にする。

さらに、差違の生じる根拠を追究し、批評する。

ｂ、目的に応じ、複数テキストから、必要な情報を取り出す（選択・収集する）。

さらに、選択・収集した情報を再構成・再生産する。

課題②　情報活用単元の開発

ＡＩの時代を迎えて、情報の受容・活用の教育は、情報機器を如何に効率よく活用するかに重点が置かれるようになってきた。それも、もちろん大事な事ではある。しかし、言語学習として、本質的に重要なことは、情報の受容・活用の活動を、言語を仲立ちとした情報の受容・活用の活動として充実させることである。

最後に資料として紹介する文章は、日本国語教育学会誌の巻頭言として書いたものである。情報機器の活用が、言語活動を如何に活性化し、言語能力の向上に如何に資することができるか――これからの研究課題である。

言語学習としての情報読者活動は、本来単元学習として成立する。すなわち、読みを生活に生かす「情報活用活動」は「生きた言語活動」であり、それを学びの過程とする活動は、単元学習なのである。（略）情報を生産・発信する活動の過程において、特に重視すべきは、情報テキストを読むという行為である。必要な情報を収集するという読者の都合だけが先行すると、テキストの文脈や言葉の仕組みなどは無視して、必要な事柄だけを情報として取り出しがちになる。しかし、それがどのような文脈の中で、どのような意図のもとに情報として提供されているかが読まれなければならない。

しかも情報読書も（文学読書と同様）、その本質は意味生成行為であり、読者にとっては自己創造行為である。新聞の文章であっても、自分の必要のために単語を拾い出して事柄だけをとらえたのでは、情報を受けとめたことにはならない。その事柄が、どのような意図の元に、どのような性格の情報として提供されているかの追究の上に、情報テキスト全体の意味づけがなされてこそ、情報の〈読み〉である。即ち、単元学習の活動の中核には、情報発信の意図やメカニズムを解明する情報の〈読み〉がなければならない。

かつて、倉澤栄吉先生は、社会科とは違う国語科教育としての情報活用活動の特質、情報発信者における情報生産のメカニズムをとらえるとともに、情報を再生産していくはたらきとしてとらえ、そのような〈読み〉を中核とする国語科の学習を「新単元学習」と名付けた。そのことを踏まえて私見を述べると、単に文章中の事柄を情報として取り出すだけではなく、情報産出の意図やメカニズムを踏まえて情報をとらえ、再構成・再生産する〈読み〉を中核とするのが、国語単元学習だと言っていいだろう。

『月刊国語教育研究』2013・7

4　自己学習力としての情報活用能力の育成

1　生産的行為としての情報活用活動

いつの時代でも、社会の変遷は、教育の内容やそのあり方に多大な影響を与えてきた。その中でも、国語教育に特に大きな影響を与えたものに、情報化社会の進展がある。それは、読む・書くといった、言語活動のあり方自体の見直しの契機ともなった。

例えば、説明的文章の読みの指導において、情報の受容あるいは活用が意識されるようになってからは、文章は言語的かつ客観的な分析の対象である前に、読み手が必要な情報を収集する資料と見られるようになった。文章は読み手の課題意識に応じて価値を持ってくる情報源であり、その読みは、資料に情報としての価値を見出す、あるいは情報の信頼性を問い続けるという点で、さらには集めた情報を再構成し、発信可能な情報にまとめあげていくという点で、きわめて主体的な生産活動だということが明確になったのである。しかし、「情報の収集・処理」といったことばは、言語による認識の深化・拡充を言語教育の思想的支柱の一つにしてきた戦後の国語教育界においては、いかにも時代の動向に対する技術的な迎合を思わせて、容易には受け入れられなかった。

確かに、そのような傾向があったことは否定できない。例えば、情報処理の学習というと、文章としての読みの確かさは問題にせず、情報カードの使用のような処理技術にばかり力を入れ、自分の都合に合わせて情報を取捨選択するといった、読みとしてはきわめて主観的で表層的な活動が組まれることが多かったのである。しかし、情報を受容し発信する情報行為は、情報を手際よく処理するという技術論のレベルの、受動的かつ消極的な行為ではない。それは、ことばを通して、何が価値ある情報か、またそのどこに問題があるのかを見抜き、必要な情報を収集して、一つの新しい情報（認識）をまとめあげていく、きわめて生産的な思想形成行為である。

2　情報行為としての〈読み〉

そもそもことばを使うこと自体、情報の受容・発信の行為なのであって、それとのかかわりなしに表現・理解の言語活動はないのである。ごく素朴な文章の読みも、それは文章を情報源と見て、そこから何かを知ろうとする、あるいは何らかの課題を解決しようとする情報活用行為である。

情報の受容あるいは活用というと、その対象としては、テレビや新聞、雑誌など、マスコミ関係の情報を考えがちだが、実は人が何かを知ろうとして読む文章は、すべてその人にとって情報源である。もちろん、何かを知ろうという意識がなければ、それは文章として客観的に存在はしても、情報源とはならない。何かを知ろうという内的な欲求に応じて、すべての文章が情報行為の対象になるのである。

情報化社会の進展は、そのような情報行為としての読みの本質を明らかにした。すなわち、読み（＝読書行為）とは、読み手が、文章の上に自分の必要な情報を見出すこと（＝情報の発見）であり、そこで提供された資料に情報としての価値を見出すこと（＝資料の情報化）である。そのために、読み手は、文章を一つのテキストとし、その有効性と同時に整合性を問うて、たえずテキストとの対話を繰り返していくのである。そこでは、情報行為者としての読み手の主体的立場と、正確な情報の掘り起こしの技能とが問われることになる。段落の要点や、文章の構成をとらえるのも、正確な情報の受容のために必要だからである。このような情報受容行為としての読みの発見は、当然のことながら、読みの教育のあり方を大きく変えることになった。

戦前からの読みの教育は、絶対的な「文意」の存在を前提とし、その高みにまで精神的に到達することをねらいとするものであった。この「文章の理解」を柱とする読み方教育は、とうの昔に乗り越えられたかのように思われているが、しかし現実には、文章の構成を筆者の意図に直結させ、文意の理解を深めると同時に、それへの共感を高めるといった形で、今日でもまだ根強く残っているものである。情報の読みの導入は、そのような教育を大きく揺るがせるものであった。

3 単元学習と情報活動

今日広く実践されるようになってきた単元学習も、情報の受容・発信活動への着目と無縁ではない。単元学習は、学習活動のあり方として見ると、学習者の関心・意欲に根ざして、学習をその主体的な活動として展開しようという、学習者重視の立場に立つものであり、国語科の学習内容としてみると、情報の受容と発信の能力を社会の進展に伴う新しい学習内容として位置づけるべきだという考えに立つものだと言えよう。すなわち、今日の単元学習は、学びの側からの学習者及びその主体的活動の重視と、言語行為の側からの情報の受け手・送り手、及びその主体的な言語行為の重視との重なりの上に成立したものだと言えよう。

戦後の民主主義教育については議論のあるところだが、少なくとも、情報の受容・発信を活動の柱とした単元学習は、その一つの実践上の到達を示すものだと見てよいだろう。

しかし、今日、単元学習の中に組み込まれた情報の受容・発信の学習に、改めて問い直すべき問題があることも確かである。例えば、さかんに試みられるようになった新聞作り、本（絵本、図鑑）作り、パンフレット作り、さらに学習発表会などを見ていると、それに取り組む子どもの意欲や行動力には感心させられるのだが、同時に、子どものエネルギーがどうも空回りしているように思われることも多い。例えば、新聞作りを見ると、情報を集め、それを割り付けて、紙面を構成しており、確かに複数資料を使った情報収集活動がなされている（ように見える）。しかし、気になるのは、必要な本の記事を丸写しし、継ぎはぎのようにして紙面を埋めていることである。その記事自体にどのような問題があるのかはほとんど問うことなく、自分に必要だからというので、見つけた情報をただ丸写ししていたのでは、形は情報活用であっても、ただコピーを作っているだけにすぎない。情報の活用とは、必要な情報を集めてアレンジすればいいというものではない。大事なことは、情報の受容が、受け手にとって、視野を広げ認識を深めることになっているかどうかということである。

4　自己学習としての情報活用行為

端的に言って、情報の受容・発信行為の受け手にとっての意義は、それが自己学習を成立させているかどうかという点にある。視野を広げ認識を深める点で、自己学習行為が成立しているかどうかが、情報活用行為を見ていく上での重要な指標になるのである。なぜなら、情報の受容・発信のプロセスは、自己学習の成立過程だからである。

今日、情報処理教育あるいは情報活用教育が大事なのは、情報化社会に生きていく上で必要だからというだけではない。それよりもむしろ、情報の受容・発信の能力が、認知領域における学習の基礎となる自己学習能力だからである。したがって、情報活用教育においては、情報の受容・発信を自己学習行為として見ていく視点を確立しておかなければならない。

これまでの情報処理教育あるいは情報活用教育に欠けていたのは、特にその点であろう。先に述べたように、言語行為は本質的に情報行為なのであって、私たちは、自己学習能力としてその学習内容を明確にしていかなければならない。では、情報の受容・発信の活動（情報活用活動）を自己学習行為としてみると、その教育はいかになされなければならないか、そこにはどのような問題があるのか、また国語教育で育てるべき自己学習能力としての情報活用能力とはどのような言語能力か―、ここに問題の所在を指摘し、これからの課題とすべきことを明示しておきたい。

5　国語教育における「情報リテラシー」の開発（講演）

（大阪教育大）

1　情報教育の俯瞰

情報リテラシーについてお話をする最初に、情報教育の概略を掴んでいただくために年表を見ていただきたいと思います。そこには、情報教育に対する私の考え方もかなりはっきり理解していただけると思います。

情報化社会が話題となり始めた昭和四三年に出された第四期の学習指導要領では、読解とは別に読書が別記され、鑑賞指導の一環であった文学読書とは異なり、説明文領域における読書をどうすべきかが問題になり、それに対しては、倉澤栄吉先生、滑川道夫先生が積極的に発言されました。また、野地潤家先生、大槻和夫先生も、情報化社会における読みの問題を取り上げられ、広島大学では、創造の教育と結びつけて探求されていったと記憶します。

これらの動きを受け、昭和四七年ころには、説明文領域における読書にかかわって倉澤先生の「新単元学習」の提唱がなされます（川崎講義）。時同じく、大村はま先生の単元学習が始まっていました。「外国の人は日本人をこのように見ている」は、大村先生のもっとも典型的な総合的単元学習と言えるでしょうか。次の第五期「学習指導要領」では、「A表現・B理解」と二分され、言語の教育に比重が移ります。戦後の言語生活を大事にした教育が、言語の教育の名のもとに能力主義的な方向に動いたということに対し、少なからず危惧を抱いていました。言語生活を重視する行き方は、確かに能力はあまり明確にしなかったかもしれないが、それだけの豊かさがあった。その豊かさへの揺り戻しが第八期ではないでしょうか。

次の第六期、このあたりで情報化ということが盛んに言われ、私も情報教育に関する論文を求められたりいたしました。次の第七期で、OECDのPISA調査によるリーディング・リテラシーが謳われ、二〇〇二年文部科学省「情報教育の実践と学校の情報化」が出されます。情報リテラシーの教育の本格的な始まりと言えましょうか。井上尚美先生他のご著書や発言が生まれたころです。続く、第八期には言語活動例が付記されます。この辺りから、本学会でも、二〇〇八年「メディアリテラシー教育の今」、一三年「情報読書と単元学習」、一七年「ビジュアル・リテラシーと国語教育」と、『月刊国語教育研究』に大小の特集を組んで、対応してきました。（詳細は表1を参照）。

このような概略史を踏まえ、情報リテラシーを情報活用力と読み替えて、教育の推移をさらに見ていきたいと思います。

2　情報読みの起点と、そこからの拡がり

一九七一年『これからの読解読書指導』において、倉澤栄吉先生は、「今や個別化の概念でなくて（中略）インディペンデンスである。／一人ひとりの人間が読みを媒介として、いかに自己を独立させていくかということの方がむしろ今日問題になっている。情報公害に対する一つの大きな手立ては、我々教育の世界の中で、子ども

たち一人ひとりに、文字を媒介として、彼等にほんとうの自立をはからせてやるということに他ならない。」と指摘されました。「意味それ自体に価値があるのではなくて、その意味が、どういう人から、何のために送られてきたのか。とメッセージとしてこの意味を操作して、このメッセージはこういうことで送られてきたのだからと考える。そういう指導」の必要性を「新時代の読書指導という立場から」の「情報というものをどう操作するかという主体の訓練の問題」として明らかにされています。

教師は文章の意味化の過程が読解だとしがちだが、読みを情報操作者の立場から考えれば、意味の生産や作者の表現の追体験ではない。ある目的で生産された意味に価値付けすること。すなわち、主体が文章に価値を与えるとき、この文章は主体にとって情報になる。倉澤先生は「読み手主体も生活化の視点から、本当に読まなければならない情況に導いていかなければならない。その時、当然多様化の要求が出される。多様化とは、個別化を意味しない。個別化は主として、方法論の問題であるのに対して、多様化は、近代の読みが要求する本質論なのである。」と、「常に創造」としての「読み」、「情報操作の創造」を提言されました。ここに、わが国の国語教育界における情報の読みの起点を見出すものです。

ここでさらに紹介しておきたいのは、二〇〇八年『新しい時代のリテラシー教育』(東洋館出版)に再掲された、桑原隆先生の「リテラシー観の変容と意味の創造」(『新しい「学びの様式」と教科の役割』東洋館出版、二〇〇一初出)です。リテラシーという用語がなお聞き慣れない時代に、言語による知的営みは、主体の先行知識や既有知識を基盤として具体的状況コンテキスト下で、記号、音声、および文法を手がかりに意味を創造していくことだと提言されました。読者の個々の状況に応じ、言語とかかわりながら意味創造を行うプロセスが読みであり、リテラシーである、と重層的コンテキスト構造において機能するリテラシーへの着目を促されました。

言葉を手がかりにひとつの意味世界を作り出していくプロセスをリーディングとして捉える。その観点に立つと、どのようにメディアが発達しても、リテラシーを具体的な言語活動として明確にしていく必要がある、ということを改めて思わずにはいられません。先の中西一弘先生のご講演にもあったように、情報化社会ではなおのこと、リテラシーを具体的な言語活動として明確にしていく重要性を思います。

3 自立と共生の自己学習力としての情報受容・活用能力

ここで私自身の情報リテラシーに関する考えを述べたいと思います。「自立と共生の行為としてみると、自己学習はどのような行為か。（中略）自立と共生の視点を持ち込むことで、自己学習能力はたんなる情報処理能力にとどまらず、外なる情報（他者）の本質を捉えつつ、それを取り込み、さらにそれとの関係で自己形成をはかるといった、言うならば再構築力とでも言うべきダイナミックな能力（「国語学力論の地平をひらく」『国語教育の再生と創造』教育出版、一九九六）」、それが言語による、言語を仲立ちとする自己学習能力である、と考えています。情報リテラシーを言語活動における自己学習活動を支える能力、自己学習能力として考えるべきだということです。

特に「問題を発見し、それを基礎に課題を設定する」ことを大切にしてきました。つまり、問いを持つこと自体が情報の受容能力、情報リテラシーである。与えられた問いに応えるのではなく、自ら問いを発見し、それを自らに課した時に、「問い」が課題となり、それを追究するところに情報リテラシーが働く――この観点が、情報教育においては重要だと考えています。

戦前の滑川道夫先生の秋田の附属教師時代の実践「調べる綴り方」にも、教師の一方的な課題提示ではなく、課題設定自体に子どもを参加させる、事前に書く内容を話題にする主体的な営みが試みられています。現実をひとつのテキスト（情報テキスト）として捉え、それをどのような意味世界として構築していくか。そこに働く力もまた情報リテラシーと本質的には変わるものではありません。十日間の調査中、文字テキストのみならず、現実の多様な生活的事実をも情報テキストとして意味世界を創り出す営みに、情報リテラシーの本質を思わずにはいられません。

知識・技能と、思考力・判断力・表現力、そして態度の三層構造とも言える改訂学習指導要領では、情報に関することは知識・技能に含まれるようです。本日着眼してきた情報リテラシーを知識・技能とのみ捉える危険性を、皆さんとともに考えていきたいと思っています。

最後に、西日本集会のこのような継続的なご努力に敬意を表し、感謝申し上げたいと思います。

筆録：大阪教育大学　松山雅子

原題　（講演）**国語教育における情報リテラシーの視点**（大阪教育大学）

6　言語活用力育成の視点からの情報活用活動

1　何が問題か

「活用」という語は、教育課程の中に必ず出て来るのだが、それは　学習の進め方を示唆する語として用いられているようである。すなわち、改正「学校教育法」（平成一九年六月）では、「基礎的な知識及び技能を習得させるとともに、これらを活用して課題を解決するために必要な思考力、判断力、表現力その他の能力を育み…」といった文脈の中で、またそれを受けた第八次の学習指導要領では、「総則」に、「各教科の指導に当たっては、…基礎的・基本的な知識及び技能の活用を図る学習活動を重視するとともに…」といった文脈の中で、学習の成立過程、あるいは能力の形成過程を示す語として用いられているのである。

このような「活用」の語の使用例を見ると、そこには、「活用」は「言語活用力」なのか、それとも学習過程としての「活用活動」なのかといったことも問題になるのだが、結論だけを述べるなら、私は、「言語活用」は「活動」であり、またそれ自身、主体の働き（すなわち「能力」）であると考えている。ということは、言語活用活動の成立自体、言語能力の働き＝「言語活用力」として認め、それを国語科の学習内容としていきたいということである。そこで、「活用」とは、どんな言語活動なのかが問題になる。

小学校の学習指導要領では、「総則」において、前記の引用に続いて、

…言語に対する関心や理解を深め、言語に関する能力の育成を図る上で、必要な言語環境を整え、児童の言語活動を充実すること

という文言で示されている。すなわち、第八次の学習指導要領は、言語活動を、国語科をはじめ全教科の学習に生きる学習活動として位置づけているところに、構造上の特質があると言えよう。言うならば、言語力を、全ての学び、全ての自己形成に生きる力として、つまり、言語活用力として位置づけているのである。そこで、以下、「言語活用」の具体的な活動を、私の視点から整理しておこう。

2　「言語活用」

「言語活用」とは、話す・聞く・書く・読むの言語活動を、課題解決や情報収集、認識・思考の深化・拡充などに生かすことである。すなわち、「言語活用」とは、「言語活動を何らかの目的のために活用すること」であって、それは、次のように分類することができる。

A　表現　①　事物・自称（対象）の動きや状態・性格・機能など、正確に認知し、言語で表現する。

②　多角的視点から（視点を変えたり、移動させたりして）、対象の様々な側面や特徴をとらえ、表現する。

B　理解　①　情報テキスト（記録・説明など）から知識を得る。事物・事象と照合し、認知を確かにする。

②　課題解決のために、異種・複数の情報テキストから、情報を収集し、再構成・再生産す

る。

C　相互作用　①　事物・事象に関する他者の見方、考え方（認識・思考のありかた）を受容し、批評する。

②　課題に関して、他者と見方・考え方を交流し、認識・思考を深める。

特に、「C　相互作用」は、他者とのインターラクションとも言うべき共生・協働の相互関係的行為であって、これからの時代における重要な言語活用力の向上を図る上で、最も大事な言語教育の課題となるだろう。

3　「情報活用」活動

上記の表現・理解・相互作用の言語活動を、国語科だけではなく、全ての教科の学習を支える言語活用力として働かせるということは、全ての授業の中に、例えば「書く」「話し合う」といった言語活動を組み込むということである。それは、授業そのもののあり方を大きく変えるということになり、授業力向上の今日的課題に応えることになるだろう。

ところが、読みの領域になると、どのような読みの活動が言語活用活動なのか、その活動自体、多少複雑になってくる。そこで、以下、活用型の読みの活動として情報活用活動を取り上げ、活用力としての読みはどのように働くのかを見ておこう。

読みの場合だと、言語活用行為は、一つのテキストを対象とする情報受容の読みにとどまらず、その読みをきっかけとして展開する、何らかの自己実現・自己形成の活動である。具体的に言うと、それは単に情報を受容・収集するだけではなく、それを生かして、問題を発見・追究したり、情報を拡充・生産したり、他の情報と比較して価値づけたり、……といった活動である。

次に、言語活用行為としての情報活用活動を分類・整理しておこう。

さまざまに展開する情報活用活動

A、課題解決のための情報の収集・再構成・発信

①　情報の収集・再構成・発信

課題を解決するために、必要な情報を収集し、再構成して、発信する。

②　複数情報を関係づけ、発信

話題を中心に、複数情報を関係づけ、再構成して、発信する。

B　情報（テキスト）の補充・再構成

①　情報（テキスト）の拡充

一つのテキストの読み（情報受容）をきっかけとして、読みの対象を広げる。

②　情報の補充・修正

一つのテキストの情報内容を、他のテキストによって補充・修正・再構成する。

C、情報（テキスト）の比較・評価・選択

①　情報テキストの比較・評価

他の情報テキストと比較し、そのテキストの情報内容を批評・評価する。

③ 情報の比較・選択
複数情報を比較し、それぞれの特質をとらえて、必要かつ適切な情報を選択・選定する。

D、情報（テキスト）の解釈・思考

① 情報テキストの解釈・意味づけ
情報テキストとしてどのような意味があるか（自分の視点から、更には多角的な視点から）解釈する。

② 問題の発見・思考
情報テキストの読み（情報受容）をきっかけとして、問題を発見したり、自分をふり返ったりして、思考を深める。

E、情報（テキスト）の批評・評価

① 情報テキストの批評・評価
情報テキストについて、情報内容や表現構造の点から分析し、テキストとしての価値を批評・評価する。

② 情報内容の批評・評価
情報の特質や意義、問題点について、自分の立場から、さらには多角的に評価・論評する。

4　情報の読みの今日的課題

改めて言うまでもなく、「情報の読み」は、一つの文章を読みのテキストとした読み（情報テキストの読み）自体が、言語活用行為である。しかし、情報の読みは、それにとどまらない。特に「情報の活用」という点から言うと、情報の読みは、一次的な情報の受容を基礎とし、そこで生まれた新たな課題をめぐって、二次的・発展的な情報追究・探索の活動として、展開する。今日では、情報活用の読みとしては、そこまでを学習活動として取り込むことが求められているのである。

なお、教科書教材に対する情報活用の読みを第一ステージの読みの学習とするなら、そこから発生した課題を中心に展開する、発展的な情報の読みの学習は、第二ステージの活動として明確にしておくといいだろう。

なお、最近、「活用型の読み」ということが言われるが、それは、叙述内容をテキストのことばのまま、その通りに受け取る読み方、すなわち「受容型」に対するものであって、テキストの提供する情報内容を、読み手の立場から言い換えたり、解説したり、批評したりする読みのことである。最後にそれを整理しておこう

1、言い換え（リライト）型の読み

短く言い換える（要約する）。わかりやすく書き換える（言い換える）。

2、解説（コメント）型の読み

わかりやすく、説明する。

3、批評型の読み

問題点をとらえて批評する。特に大事なのは、正確な読解を踏まえて批評する**クリティカル**

リーディングで、今後の研究課題である。

本稿は、約五〇年近くも前、「創造性」が教育の重要な課題となった時、広島大学を会場として行われたシンポジウムでの私の発言をまとめたものである。半世紀が経過した今日、ＡＩの時代を迎えて、創造性ということばの指示内容にはかなり大きな変化が見られるが、しかし、その本質には、今日に通じるものがあるように思う。改めて、歴史をふり返り、未来を見通す意味で、本書の最後に収録させていただくことにする。

7　国語教育における創造性―読みの指導を中心に

1　言語行為における創造性

広島大学大学院生によってまとめられた資料を見て、昭和38年以降の、創造性教育に関する論議のにぎやかさに、今さらのように驚かぬ者はいないだろう。それは単に数が多いというだけではなく、中洌正堯氏の発表にあった如く、実に多方面から、さまざまになされてきたのである。

たしかに、創造性の育成は時代の要請だった。だから、指導要領は「創造」を一つの柱として打ち出したし、国語教育界は、魚群が方向をかえるように、一斉にそれを問題にしていくということになった。しかし、そういう風潮の中で、「創造性開発」を口にすることに、いささかのためらいを感じていたというより、自己欺瞞を感じて口にすることができなかった、そういう教師がいたことも、これまた確かであった。それは、社会と人間の制度化、画一化がますます進んでいく状況において、それとのかかわりなくしていくら「創造性」を口にしても、それは、ある枠の中でのことでしかないのではないかといったことを、敏感に感じとっていたからであろう。大槻和夫氏のご発表は、そのような感じを私たちが持ち続けてきた、その根拠を明らかにされたものであった。すなわち、創造性開発教育は、昭和38年の経済審議会「経済発展における人的能力開発の課題と対策」以来、企業の側が積極的に要求してきたものであったということである。しかもこの創造性開発のための学習課程は、思考をいろいろな要素に分け、それを組み合わせて授業を組み立てるといったやり方に見られるように、思考操作の形式化に傾きがちであったのである。そこで大槻氏は、まず、現代人における創造性の根の枯死状態に目を据えるところから出発し、その根をはやす地盤を作らねばならないと言われる。すなわち、坂元忠芳氏の論をふまえて、環境に適応するだけではなく、環境を変革していく主体を形成せねばならないと言われるのである。私も、創造性の問題を論議するにあたってのもっとも基本的な視座を、そこに据えねばならないと思う。

ところで、現場人としての大村はま氏のご発表はどうであったか。それは、「創造性開発」というキャッチフレーズを必要としない充実した実践であり、しかも、一時間一時間の指導において、生徒のこれまでの言語活動および言語生活を何らかの意味で新しくしていくという点で、創造性の教育として示唆に富むものであった。すなわち、大村はま氏の実践の本質は、主体的に言語（作品）とかかわっていく子どもを育て、そのことによって、子どもの言語生活をゆたかにしていくというところにあった。更に補足するなら、大村氏の特徴は、主体的言語活動の指導が、場の設定や資料の準備等の具体的方策の問題としてさぐられているということである。しかも、見落としてならないのは、上記のことを実践面でのたて糸とするなら、もう一つ、それを綴る横糸として、きびしさとやさしさとをあわせもった大村氏のパーソナルな側面が強力に働いているということである。

さて、以上のご発表を聞いて、私は、「創造性」を子どもの主体に関するものとしてとらえる点では、ほぼ共通理解が成立すると言ってよいように思う。(大槻和夫氏は、「環境をつくり変える主体の形成」、大村はま氏は「を確立した生徒」あるいは「主体性の確立」といった言い方をされた。また、中洌正堯氏の報告にも、国語生活者としての主体に関するものが多かった。)しかし、言うまでもないことであるが、「創造性」ということばを、「主体性」ということばに置き換えただけでは、問題は少しも明確にならないのである。すなわち、一人ひとりの子どもにおけるどのような主体的言語行為が、創造的であるのかが問われねばならないのである。

以下、そのことについて私の考えを述べ、問題提起としたい。

2　文章読解から、主体的な〈読み〉へ

言語作品を客観的な分析の対象としてとらえ、段落や段落間関係をおさえて、全体の構成をつかみ、叙述面を吟味して、主題を正確にとらえるといった読みは、文章読解主義的な読みであり、その指導は教師中心にならざるを得ない。そしてそのような読みの指導の中で、子どもたちは、画一的な読みを要求され、一人ひとりの主体的な読みは無視される。つまり、彼らの主体性は阻害されてしまうのである。——といった指摘は、これまでの読み方教育への批判として、一応認めてよいだろう。そこでは、書かれたものをいかに正確に読み取るかという読み取りの技術指導に重点があるのである。しかし、本当の読みの指導は、子どもたち一人ひとりの読みを大事にするところから出発せねばならないのは、言うまでもない。

そこで、主体的な読みの指導としてさまざまな試みがなされる。問題発見から問題解決への読みの指導もその

一つである。あるいは、想像力を働かせて想像豊かに読ませる指導というのもある。一人ひとりに自分の感想を述べあわせる問題意識喚起の指導も、その一つと見てよいだろう。たしかにこれらの指導の目指す読みは、作品の読みだけで完結せず、表現されたことを読み手の目でとらえ、自分の世界をつくったり、新しい価値を生み出したりするという点で、主体的であり、創造的である。私もそのような読みの指導は、言語作品の読み方として、また、その指導のあり方として、重視したいと思っている。しかし、それでもなお、私は、国語教育における創造性というテーマは、そのような読みの次元の問題として自己充足してしまってよいのだろうかと思う。問題を持って読み、それが解決できたとか、表現を通してさまざまに創造できたとか、あるいは、自分の感じたことを自由に述べあったとかいうことで、それがほんとうに創造的なのだろうか。

3 言語行動の主体性・創造性

私はかつて、ある所で次のように述べたことがある。

「われわれが言語を使うということは、われわれが人間として行動するということである。人の話を聞いたり、人に話しかけたり、あるいは新聞を読んだり、手紙を書いたり、…それらの言語行動を通して、われわれは自己の外なる世界を認識するばかりでなく、自分自身をも認識する。そして更に他者に働きかけることによって自己の存在空間をひろげようとする。それはまさに主体のあり方そのものに根ざす行動であり、われわれは、そのような言語行動を通して、かけがえのない固有名詞的な一人の人間として存在する。すなわち言語行動こそは、われわれの人間としての存在のあかしであり、そこに使われた言語の一つ一つには、人間存在の重みがかけられている。しかもここで留意すべきは、その言語は民族共有のものだということである。われわれは、民族共有の言語によって社会につながりつつ、同時に個として存在するのである。国語科は、そのような言語を扱う教科である。それは単に言語による意思伝達の技術を習得させるだけではない。言語行動を通して、一人の人間として存在する契機をつかませ、更にその存在のしかたの質的充実・拡大をはからねばならない。特に、多くの情報が氾濫し、ことばがその重みを失いつつある今日、人間存在におけることばの問題を改めて問い直すことの意義は大きい。」

この中で、特に国語教育のあり方を考える上で重要なことは、私たちは、他者と共通の言語を用いながら、その用いることにおいて主体的だということである。すなわち、国語教育は、万人（民族あるいは国民）共有の言語を習得させるとともに、その言語を武器とすることにおいて、きわめて主体的な言語行動者を育てるものでなければならない。

ところで、教育には、継承と創造との両面があるのだが、国語教育における継承とは、言語の習得のことであり、創造とは、主体的言語行動のことであると、一応は言うことができよう。（これはあくまで「一応」であって後の習得においても創造的な要素があるのはもちろんのことである。）そこで、問題は、どのような言語行動が創造的なのかということであろう。

4　創造的言語行動――フィルターの再生・創造

人間にとって言語行動とは、状況をきりひらく主体的行為であり、言語を武器としてする自己の外的あるいは内的世界の拡張・充実・変革の営みにほかならない。とするなら、創造的言語行動とは、絶えず自己拡張・自己変革を続けるその営みの中に見いだされるものではないだろうか。

そのことを明らかにするために、私たちの認識のあり方について考えてみよう。

まず、丸山真男氏は次のように言われる。

私たちの認識は無からの認識ではありません。対象を整理するひきだしというか、箱というか、そういったものが予め私たちの側に用意されていて、それを使いながら認識します。概念や定義はそういうひきだしの一種です。しかもそのひきだしは必ずしも合理的に反省され吟味されたものでなく、社会に蓄積された色々のイメージがほとんど無自覚的に私たちの内部に入りこんでいます。現実を直視せよなどとよくいわれますが、現実というものは、私たちが意識すると否とを問わずこういうイメージの厚いフィルターを通して整理され、選択された形で私たちの認識になるのであって、問題はそういう自分のフィルターを吟味するかどうかということだけです。自分だけは「直接に」ひきだしを使わないでものを見ていると思っている人は往々、その社会に通用しているイメージに無反省によりかかっているにすぎない。(「現代における態度決定」)

また、地球物理学専攻の坪井忠二氏は、自然の法則を発見していくということについて次のように言われる。

我々の目の前に森羅万象がある。それをある一つのめがねで見ると、きれいに見える。美しく見える。そのような、色めがねを人間が発明することができるということに帰着すると思うのであります。(「自然法則とはなにか」)

丸山真男氏が「フィルター」という比喩を使い、坪井忠二氏が「色めがね」という比喩を使われる、それぞれの文脈には、たとえば「予め用意され」たもの(フィルター)と「発明するもの」(色めがね)といった微妙な違いはあるが、認識のあり方については、両氏ともほぼ同じ考え方をされていると見ることができる。すなわち、ここで大事なことは、私たちは、フィルターなり色めがねなりを通してものを見ているのであり、それなしにはものを見ることができないということである。このことは、ものを見ようとする私たちに、次のようなことを示唆してくれる。

(1) まず、自分のフィルター（あるいは色めがね）を持たねばならぬということ。

(2) 自分はどのようなフィルターでものを見ているかを自覚せねばならぬということ。

(3) そのフィルターが借りもののフィルターであったり、マンネリ化したフィルターでないかを吟味する必要があるということ。

(4) ものの本質をさらによくとらえられるよう、フィルターの再生、つくりかえを行わねばならぬということ。

俗悪なコモンセンスにからめとられることを拒み、自分のことばで語ろうとすることは、借り物のフィルターやマンネリ化したフィルターを拒み、自分のフィルターでものを見ようとする努力にほかならない。そのためには、フィルターは常に吟味され、再生されなければならない。

私たちは、ある状況の中でものとむかいあっている。しかし、そのものは、主体のありように応じて姿を現すものだ。すなわち、私たちのものを見る目如何によって見えたり見えなかったりするのである。だからこそ、私たちは、これまでの自分のものを見る目は正しかったか否かを問い、よりすぐれた目を自分の目にしていくこと、そしてそのことによって、ものの本質をとらえ、状況をきりひらいていくことを目ざさなければならない。それはまさに、自己の外的あるいは内的世界の拡張・充実・変革の営みと言うべきであろう。言語行動とは、そのような主体の拡充・変革の営みなのである。

5　主体的行為としての言語行動

かつて、「書を読むより草むしれ」「詩をつくるよう田をつくれ」と言われたが、そう言われながらも本を読んだり、あるいは詩をつくった人々は、日常的現実とうまく折り合って生きていかねばならぬ自分のあり方の中に、主体を喪失する危機を鋭く感じ取っていたにちがいない。書を読み、詩をつくることを通して、彼らは自分と自分の置かれた状況とを見失うまいとしたのである。それは、人間を一つの枠（因習や制度など）の中にはめ込もうとする外からの力に対する内からの主体的な行為だったと言うべきであろう。

言語行動とは、本来的に言って、日常用足し言語をも含めて主体的なものである。知らずにはおられない、表現せずにはおられないという欲求は、状況埋没を拒否する主体の側のものであり、さらに、いかに知り、いかに表現するかといった言語行動の有り様は、状況に対する主体のありようと見合っている。たとえば、新聞のニュースを読んだり、天気予報を聞いたりといって日常用足しのレベルの言語行動も、状況への主体の対し方から生まれ、その読み方・聞き方は、状況に対する主体のありようを反映して多様である。新聞のニュースも天気予報も、それを主体的に受けとめようとする受け手において、初めて意味を持ってくる。ところが逆に、そこで提供される情報を自己の内に取り込み、自分のあり方を決めようといった姿勢のない受け手においては、たとえ忠実に受け取られたとしても意味がない。せいぜい彼はたんなるもの知りになるだけのことだ。

ところで、主体的とは、この場合どういうことだろうか。それは、ごくわかりやすく言うなら、自分の目（フィルター）でものを見るということである。人間的なフィルターを持たない人間は、他人の生命などなんとも思わないだろうし、そういう読み手は、ある国の殺人兵器開発のニュースに何の憤りも感じないだろう。

現実認識の武器となり得るフィルターを手に入れること、あるいは、俗悪なフィルターを否定し、再生していくこと― 私はそれを可能にするものとして言語行動というものを考えている。しかも、それは、言語行動が行動として何かを生み出す過程の中に持っている本来的なはたらきではないだろうか。たとえば、古来、多くの文学者たちは、自分のスタイルを見いだそうとしてたいへんな苦労を重ねてきた。(芭蕉「静かさや岩にしみ入る蝉の声」の句の成立過程を思いみるとよい。)そして、平凡な私たちも、もの言いについてたんなることばの言いまわしとしてでなく、何をどのような角度から言うべきかの問題として頭を悩ませる。これらは、ものとむきあい、それを自分とのかかわりの上でとらえようとする主体的言語行動者の苦悩なのである。

以下、読みの問題に限って、フィルターの獲得・再生ということについて考えてみよう。

6 自己のフィルターの創造

言語作品とは、或るものに対する他者の認識内容を示すものである。したがって、私たちが言語作品を読むということは、他者の認識内容とかかわりを持つということである。

しかも、その認識内容は、たとえそれが素材としては彼の外在的世界に属するものであっても、それは彼のフィルターを通してとらえられたものである。したがって、読み手にとって「読み」とは、他者のフィルターとの出会いを意味する。そして、そのことによって私たちは、自分の中に新しいフィルターをつくりかえたりするのである。

もちろん、この場合、出会いを価値あるものにするか否かは、主体の側にゆだねられている。ということは、出会いは決して受動的なものではなく、他者に対する主体の能動的な働きかけによって生まれるものだということである。すなわち、読みにおいても、他者のフィルターとの出会いは、読み手の主体的なかかわりによって可能になる。

さて、そのような出会いとしての読みは、ひとことで言うなら、他者とかかわることを通して新しい自己を形成する営みである。新しい自己の形成とは、決して抽象的なものではなく、新しいフィルターの獲得、もしくはそれまでのフィルターの変革・再生ということであり、読みという言語行動は、その点において創造的なのである。

私は、創造的言語行動というものを、以上述べたような、読み手主体におけるフィルターの創造過程に見いだす。しかし、まだそれは、創造性に関する問題究明の緒についたにすぎない。私はさらに、そのような言語行動を育むものとしての読みの指導の具体的なあり方について考えねばならない。しかし、すでに紙数が尽きているので、以上述べてきたことから必然的に出てくる二つのことについて、最後に指摘しておくにとどめる。
(1) 教材論の問題――どのような他者のフィルターと出会わせるか。
(2) 方法論の問題――自己のフィルター創造のために、他者のフィルターとどのような出会いをさせるか。
なお、当日のシンポジュームでは、教材の具体的な例として、唐木順三の「おそれという感情」をとりあげ、方法の問題として、文章論的読解や主観的文脈での読み、あるいは情報処理技術的読みの限界について触れたが、文章にまとめるのは、別の機会にゆずることにする。

8　国語教育の革新
――教科構造・学習内容・学習活動すべての見直しの視点

1　国語教育革新の視点

時代の曲がり角にさしかかるたびに、その時点での国語教育の現状については、これまでもたびたび問い返され、問い直されてきたし、それぞれの時代で積極的な提言もなされてきた。この一年を振り返ってみても、例えば、「国語学習の単元的展開の推進」とか、「基礎・基本の学力の育成」とか…、国語教育の充実、さらには改革をめざした提唱が、全国的に繰り広げられた。そして、敢えて言うが、現場教師たちも、教育界の外からの批判を受けながら、日々の実践と誠実に取り組んできているのである。

にもかかわらず、児童・生徒の国語学習との取り組みは決して前向きに向上しているとは言えず、しかも、ここ十年ほどの間に実施されたさまざまな学力調査の結果は、全国的な規模で事態が好転していないことを示している。そのことを念頭に置いた上で、私たちは改めて国語科教育革新の方向を問うていかなければならない。どうしたら「国語」という教科の学習を実のあるものにすることができるだろうか。その問いにかかわって、問題は二つある。一つは、教育課程や検定教科書など、教科の枠組みに関する問題であり、一つは、授業設計や学習指導の方法など、具体的実践に関する問題である。前者を教科指導のハード面に関する問題だとするなら、後者は、ソフト面に関する問題だと言っていいだろう。これまで、教育現場の関心は、主として後者のソフト面にばかり向いていて、前者のハード面は指導の前提として見る傾向があった。つまり、制度として既にあるものとして見ていて、実践はそれに合わせてするものと見ていたのである。しかし、教室での実践のあり方を見直そうとするなら、国語科とはどのような教科か、そこでは何を学習すべき内容とするのかなど、すでに制度化されている教科の枠組みをも見直していくべきであろう。そこで、本稿では、前者に視点を置き、国語科の枠組みについて検討することにする。

2　教科教育の制度的、構造的な問題

(1)　教育現場からの問い直し

今日、私達が直面している問題の第一は、上記したように、教育課程や教科書制度など、学校教育のあり方を規定する制度的な問題であり、教科教育の視点から言うと、その枠組みに関する構造上の問題である。これまで事あるごとに、教育改革とか教育創造とか、まるで新しい時代の到来を期待させるような言葉が飛び交ったが、しかし、国語科に関して言うと、日本語・日本語文化（母語・母語文化）の教育が、現在のような学習指導要領で十分に成立するのかといったことは、教育現場からの問い直しの視点にならなかった。

「平成の教育改革」と言われた十年前の教育課程改訂の時期には、「記号科」や「情報科」などの新教科の設定による教科再編成の可能性が、さまざまに模索されたことがあったが、それらの動きも全く無視された形で教育課程の改訂が進められた。そして、その動きに対して、現場の教育を担当する者の側からの発言は、ほとんどなかったのである（私自身は、学術会議関係の場で、教育の総合化について、数回にわたって意見や論文を発表したが、そのような声は教育課程の改訂には届かなかった）。

教育の革新を進めようとするなら、教育現場の視点から、まずは、教科内容やカリキュラムの問題など、教育の枠組みの見直しを始めなければならない。教育課程などは文科省任せにしておいて、自分たちはそれを如何に実践するのかだけを考えればよしとするのは責任逃れだし、それでは問題の本質は見えてこないのである。

(2) 国語科の教科内容

平成十二年の教育課程改訂以降、学力低下が表面化して、現在では基礎・基本の育成に視点を置いた改革論議が盛んである。それは、昭和後期からの「個性重視の教育」や「ゆとりの教育」などへの反動と言っていいだろう。教育課程に対するそのレベルでの見直し、つまり総論的な視点からの検討はもちろん重要なことではあるが、国語科の学習内容などに対する各論的な視点からの検討もおろそかにしてはならない。教科に視点を置いた見直しを抜きに、教育課程の問題を明らかにすることはできないはずである。

まず、「国語科」という、教育課程上における教科の設定についてどう考えるか。かつて試みられたように、「記号科」や「情報科」「コミュニケーション科」などの教科の新設や、それにともなう教科再編成といったことも考えられようが、私はともかく「国語科」という教科の枠組みを大事にするところから出発しなければならないと考えている。なぜなら、日本語・日本語文化に関する能力の育成は、子どもの成長を支える重要な要件であり、そのような文化的内容を基礎として体系的に構成したものが教科（国語科）だからである。すなわち、学習は文化的内容の習得を中心に成立するのであって、教科はそのような文化的内容体系を基礎として成立したものなのである。特に学習の積み上げが求められる学校教育においては、学習内容の体系化を図るために、文化的内容体系をふまえることが必須となると言っていいだろう。

国語科で言うなら、まず問題とすべきは、文化的内容としての日本語・日本語文化に関する能力の育成を、どう構造的に設定するかである。結論的に言うと、母語・母語文化の教育に関して、私は、次の視点から学習の重点化を図ってはどうかと考えている。

① 言語要素（ラング）を認知する能力の育成。
　文字や、語彙、文法などを、文脈を形成する言語要素として認知する能力を育成する。

② 言語を運用する能力の育成

・生活言語の教育
　人とのかかわりを生みだすインターアクティブなコミュニケーション能力を育成する。

・論理言語の教育
　情報を批判的に受容・再構成し、一まとめに総合して、論理的に表現する能力を育成する。

・文学言語の教育
　想像をひろげ、視点を転換して、物語の世界を構成し、他者を理解する能力を育成する。

③ 言語文化を受容し継承する能力の育成
　主として日本の古典文学を鑑賞し、民族共有の文化（コモンセンス）を理解し、継承する能力を育成する。

　このように整理しただけでは、国語科の構造は、まだよくは見えてこない。それで、例えばということで小学校高学年を想定し、学習内容の設定の仕方について考えてみよう。基本的には、次のような三つのコースを設定して、その交差・関連をも視野に入れながら、具体的な学習活動を展開することが考えられる。

【例】

Aコース（文章理解コース）

論理言語（情報・論理教材）の学習と、文学言語（文学教材）の学習を二本の柱として設定し、さまざまなコミュニケーション能力を学習力として生かして、読みの学習を活性化する。

なお、小学校高学年から、文学言語の中の一領域として古典文学の鑑賞による文化的共有感覚（コモンセンス）の開発・継承をねらいとした学習（古典独立単元）を特設する。

Bコース（文章表現コース）

コミュニケーション能力の育成に関しては、上記とは別に、書く（文章表現）活動を第三の柱として設定し、それとの関連で（文章制作の過程であるいは発展的活動として）、話す・聞く・話し合う活動を設定する。

Cコース（言語コース）

文字・語彙・文法などに対する認知の能力を高め、言語の体系性への意識や言語感覚を育てる学習（言語独立単元）を特設する。

(3) 九年間カリキュラム＝小・中一貫カリキュラム

これまで国語科の教科内容は、小・中学校を通して、同じ観点から整理され、系統的に設定されてきた。学力の系統性を明確化する上で、それは意味のあることだったし、これからもそれは大事にしなければならない。しかし、小学校から中学校までの発達段階に応じた言語学習のあり方に視点を置いたカリキュラムも考えられるのではないだろうか。即ち、学習者の側から（学習者の発達段階の視点から）、習得すべき文化的内容の読み直しを図ってみようというわけである。次にあげるのは、九年間カリキュラムの一例として作成した私案である。

先にまとめて言っておくと、この私案は、小学校一・二学年では幅広い言語活動を経験させ、三・四学年では学習力としての国語力の育成に重点を置き、五・六学年では古典を含む読みと作文を中心にして、それとの関係で話す・聞くを学習する、そして中学校では、言語そのものに視点を置き、日本語・日本文化に関する能力（基礎素養）の育成をはかるといったものである。

小学校　一・二学年

言語による基礎的生活力に重点を置く

――言葉とかかわり、言葉でかかわる力の育成

「参加し、かかわる」のが、この期の子どもの成長の特質であり、「言葉を使う（運用する）」が課題である。その課題に応えて、基礎的な生活言語力として、コミュニケーション能力の育成に重点を置き、他者理解と自己実現の活動を学習活動として設定する。

〈重点的学習活動の例〉

・音読　・多読（情報読書・文学読書＝教科書教材の精読は避ける）
・物語の展開の読み
・説明されている事柄の読み　・必要なことを話す　・必要なことを聞くなど

小学校　三・四学年

言語による学習力に重点を置く。

―言葉を学び、言葉で学ぶ力の育成

「行動し、発見する」のが、この期の成長の特質であり、「学び・学び合い」が課題である。その課題に応えて、積極的な表現・理解の活動によって学習を成立させることができるような「言葉の学び方」と「言葉による学び方」、つまり基本的な学習方法に重点を置いた学習活動を設定する。

〈重点的学習活動の例〉

・発表　・話し合い　・メモ学習　・作文メモ　・要点の読み取り
・情報活用　・読み分け（事実と説明）　・ストーリーのまとめ
・辞書の利用　・読書のしかた など

小学校 五・六学年

言語による思想構成力に重点を置く

―言葉を考え、言葉でまとめる力の育成

「問い、考える」のが、この期の子どもの成長の特質であり、「論理的思考」「自己検証」が課題である。

その課題に応えて、論理・情報の読み、文学の読みなど、本格的な読みの学習、及び古典の鑑賞、さらに論理的な文章表現の学習などを設定する。そして、自身の学習や行動についての自己検証を位置付ける。

〈重点的学習活動の例〉

・説明的文章の読み（文章展開の論理的分析・批判、情報の収集・再構成など）

・文学的文章の読み（物語構造の分析、人物の生き方の批評など）、調査報告文や感想・意見文の作成、その発表に基づくディスカッション）など

中学校 一学年

言語に対する関係把握・関係認識力に重点を置く

―言葉を問い、言葉をひろげる力の育成

言語生活を豊かにすると同時に、日本語・日本語文化に関する関心を育てることをねらいとして、言葉に対する視野を広げ、問題をとらえて、言語事実を比較・関連づけ、追究する学習を設定する（言語追求力・言語分析力の育成をねらいとする）。

中学校二・三学年

言語に対する分析・総合力、批評力に重点を置く

―言葉で創り、言葉をふり返る力の育成

言語生活を自覚的なものにすると同時に、日本語・日本文化に関する基礎素養を育てることを

ねらいとして、言語事実の意味を分析・批評するとともに、自・他の言語行為を検証して、自己表現と他者理解のあり方について考えを深める学習を設定する（自己認識力・言語批評力の育成をねらいとした学習）。

3 教科指導の実践上の問題

(1) 教師の指導の何が問題か

これは、授業（学習＝指導）を中心とした、教室における具体的な教育実践のあり方に関する問題である。

国語科の授業の進め方や学習のさせ方、指導・支援のしかたなどについては、これまでもさかんに論議され、研究されてきたところである。にもかかわらず、それに見合うだけの成果が上がっていないとしたら、問題はどこにあるのだろうか。ＯＥＣＤ調査によって問題になっている「読解力の低下」を念頭に置いて考えてみよう。

そこで問題にした「読解力」がどのようなものであり、その「低下」という実態をどう見るかといった問題はあるが、「読み」の力に問題があることは否定できない現実である。では、どうしてそういうことになったのだろうか。教師がもっと宿題を出せばよかったのか、必ず予習をさせるようにすればよかったのか、ドリルをさらに徹底してやらせればよかったのか、学力テストをやって、競い合うようにすればよかったのか。しかし、私は、宿題や予習やドリル、テストなどでは、問題の本質的な解決にはならないと考えている。「ゆとり教育」に対する反省、あるいは批判もしきりであり、私自身も十年も前から批判してきたことだが、しかし、それは学習者主体の学習とは違うはずである。軽率に「ゆとり教育」を批判することは、「詰め込み式教育」に逆戻りすることになりかねない。

傾聴すべき意見に、教師の「教える」ということの復権を図るべきだというのがある。話し合い学習や共同学習など、児童・生徒の活動を重視して、教師が、大事なことをきちんと教えてこなかったことが問題だというのである。学習者主体の学習と教師の「教える」ということとは、決して相矛盾するものではないはずだが、「教える」ということの内実は問い直してみるべきものだと私も考える。教師の授業力の低下の問題をも視野に入れながら、以下、教師の「教える」ということを視点に、教育革新の方向を探ってみよう。

(2)「教える」ということ
―「学ぶこと」を教え、「学び方」を教える

今の学校教育の問題は、児童・生徒が自ら学ばないこと、学ぶことをしないことにある、と私は考えている。「学び手を育てる」とか「学ぶ力（自己学習力）を育てる」とかは、一九八〇年代から言われ続けてきたことなのだが、今、改めてそのことを言わなければならないのは、「学び」の行為が子ども自身の行為になっていないからである。今の子どもは学ぼうとしない（学ぶ意欲がない）という人がいるが、私は、そうではなく、学ぼうとしても、その意欲が学びにつながっていないと見ている。学ぼうとしても、それが学びをしていることにならないのである。どうしたら、児童・生徒自身が学びを成立させることができるのだろうか。それを教えるのが教師なのである。

教師は、児童・生徒を学習者として育てなければならない。国語力の育成に関して言うと、どのようにしたら言葉の学びが成立するのか、言葉とその使い方を身につけるにはどうしたらよいのか、を教えてやるのである。さらに、学びのスキルを教えてやるだけではなく、読書やさまざまな表現活動など、言葉の学びにつながる活動

への誘いをしてやることも、学ぶことを教えることになる。結論的に言うと、言葉のおもしろさや言葉を学ぶおもしろさに目覚めさせてやることができれば、言葉の学びを教えたことになると言っていいだろう。そのためには、特別に難しい手続きがいるというものでもない。ともかく、読むなり書くなりの言語行為を体験させるようにすればいいのである。そこで、以下、最近問題にされる「読解力」の育成の場合を例にして、教師は児童・生徒に、どのような学びの行為、あるいは学びの方法を教えてやるのかを、考えてみよう。

【例】教師が教えるべき「学びの行為」あるいは「学びの方法」

――文学的文章の読みの力を育成するために

A、「学びの行為」に関して ＝ 活動を指示する

以下にあげる活動は、児童・生徒が日常的に実践して欲しいと思われるものであり、その多くは、私などが小学生の頃、ふだんに行っていたものである。それらは、決して特別なものではない。それをしなくなったのは、学びが子どもの生活から離れてきたことを意味する。その点から言うと、これは「日常の学び」の回復である。

①声に出して読む（音読・朗読）

教科書教材は、文学的文章も説明的文章も、必ず声に出して読むことが習慣になるようにする。

（音読もよくできないのに、初発の感想を求めたり、課題の設定をさせたりするのは間違い。）

②サイドラインを引く

サイドラインが引けるのは、文脈がとらえられているからである。

（サイドラインを引くことは、文脈を読むことである。）

サイドラインは、文章を三回読んだら引けるようになる（次項の難語句は別）。

（特に、心に残る印象的表現と、大事だと思う表現にサイドラインを引くようにする。）

③難語句をチェックする

難語句など、疑問に思う箇所をチェックする（サイドラインを引いたり、抜き出したりする）。難語句の意味調べはもちろん大事だが、その前にチェックし、抜き出すことは、もっと大事である。

④キーワード（重要語句）を抜き書きする

読みの力の基礎として、特にキーワードをとらえることを重視したい。なぜなら、キーワードがとらえられるのは、サイドラインと同様、文脈がとらえられるということだからである。

一人学びとしては、場面ごとに、大事な言葉を抜き出すようにする。教室では、その抜き出した言葉をただ発表させるだけではなく、それを手がかりに物語の内容を話させるようにするとよい。

⑤視写する

特に、好きな場面（あるいは文）や、印象的な場面（あるいは文）などを抜き出して、視写する。どうしたら児童・生徒が興味を持って視写と取り組むかは、指導者としての教師の課題である。

⑥ストーリーをまとめる（要約する）

ストーリーをまとめることは、文脈をしっかりととらえなければできないことであり、文学的文章の読みの能力の中ではもっとも重要な力であって、すべての文学教材でやらせるようにしたい作業である。どうしたら心理的な抵抗なしにストーリーの読みができるか、これも教師の課題である。

⑦重要な事件や事象についてコメントをつける

作品中の重要な出来事や読者として興味を持った物事などについてコメントをつけるのは、部分的な解釈ではあるが、文脈をおさえてなされるならば、それは作品全体の読みにもかかわる大事な作業になる。教師はぜひその発表の機会を設けるようにしたい。

⑧感想を書き留める

感想をまとめることは、その作業を通して、作品をとらえ直すとともに、作品世界に対する自分の見方を意識化していくところに意味がある。その意味では、一次感想を書くのも、ストーリーの大体ぐらいはとらえた段階での作業とすべきであろう。

☆補記　以上は、文学の読みに関する一人学びであるが、学びを成立させる一般的な活動としては、「学習記録を取る＝ノートを取る」「予習・復習をする」などがある。

B、「学びの方法」に関して　＝　「読みの視点」を提示する

文学の読みは、人物の言動をたどり、人間を追究し、理解する行為として成立する。以下、人間追究の「読みの視点」を上げておこう。なお、これらは読解スキルとも言えるものだが、それを

「読みの視点」としたのは、人間追究の視点となるものだからである。

① **人物の読み**

ア、人物の言動の「わけ」を読む。

イ、人物の言動の意味（言動にどのような意味があるか）を読む。

② **関係の読み（関係を見つける・関係づける）**

ア、人物と人物との関係を読む。

イ、人物と状況との関係を読む。

ウ、行動と心理との関係（外面と内面との関係）を読む。

エ、行動と行動との関係を読む（行動と行動との因果関係、行動と行動との間の矛盾などを読む）

③ **展開の読み（ストーリー・プロット）**

ア、物語の展開を貫く「筋」（どのような「筋」が物語を貫いているか）を読む。

イ、クライマックスの意味を読む。

ウ、物語の結末の意味を読む。

④ **レトリックの読み**

ア、印象的な表現をとらえ、何を表現しているのかを読む。

イ、比喩、その他のレトリックをとらえ、何故そのように表現しているのかを読む。

⑤ **語りの読み**

ア、物語（内容）と語り手との関係を読む。
イ、語り手のものの見方・考え方を読む。

☆**補記**　教科指導の実践的な問題としては、さらに、次のような問題が重要である。

ア、学習の主体化を図りつつ、基礎・基本の学力を育成するには、どうしたらよいか。

イ、一人学び（自学）と学び合い（共同学習）とをどのように設定したらよいか。
　　インターアクティブな（相互啓発的な）学習をどう考えるか、またどう成立させるか。

ウ、国語科における単元学習をどう考えるか、またどう設定し、どう展開したらよいか。

エ、教師の授業力とは、どのようなものか。どうしたら教師の授業力を高めることができるか。

三、学力論の新視点
——明日をのぞむ学力観の構築

1　国語学力に関する研究の史的展開と今後の課題

1　研究の意図

本研究は、戦後、わが国の教育課程（国語科）がどのように改訂されてきたか、その改訂の歴史をたどるとともに、教育現場や研究者によって進められてきた学力観あるいはそれに基づく学習内容の問い返しの跡をたどることで、今後の教育課程の改訂に向けての研究の視点を明確にすることを意図して行うものである。

教育行政と教育研究の乖離にはさまざまの要因があろうが、研究者（あるいは学会と言ってもいい）の側に責任があるとするなら、その一つは、教育課程の柱となるべき「これから必要な学力とは何か」「学習内容として明確にすべき国語学力とはどのようなものでなければならないか」といった問題に関する見解を、教育行政の側にほとんど提示してこなかったということにあるのではないだろうか。

研究者（あるいは学会）が、教育課程・学習指導要領に関してまったく発言してこなかったわけではない。古くは時枝誠記のように、自らの国語科学習指導要領試案を作成し、文部省に対峙する形で発表してきた研究者もいたが、しかし、たとえば教育学の世界で態度主義学力観批判がなされていても、国語教育学会では、それを教育課程の問題としてどう受けとめ、教育課程の上にどう生かすかといったことは、論議の対象としてこなかった。

拙稿は、教育課程の改訂の歴史と関係づけながら、研究者（あるいは学会）の側で、これまでさまざまに展開してきた国語学力論を整理し、今後の教育課程の改訂に向けての研究の視点を明確にすることを意図するものである。

2　経験・言語活動主義と系統・言語能力主義

戦後の学習指導要領は、昭和22年版（試案）にしても、26年版（試案）にしても、具体的な言語活動をもって指導事項（学習内容）とした。たとえば、昭和26年版の小学校につけられた「能力表」の能力は、日常の言語生活を営む上で必要な具体的な言語活動を取り出したものであった。即ち、その時点での学習指導要領（試案）は、言語活動を可能にする能力を取り出したものではなく、日常生活に必要な言語活動自体を学習内容としたものであって、言うならば戦後の経験主義、あるいは言語活動主義の立場から設定されたものであった。この日常の言語生活に必要な言語活動をもって国語科の学習内容とするという言語活動主義の学習指導要領（試案）に対しては、習得すべき言語能力を明確にせよとの批判が出るのは必然のことだっただろう。

戦後教育の中での学力低下を問題にしていた国分一太郎は、戦後の学習指導要領を、言語用具説に立つ実用的言語教育観によるものだとして批判し、自ら、習得すべき日本語の能力とは何かを論じた。[*1] また、時枝誠記は、あらゆる経験（言語活動）を可能にする基本的な能力が「基礎学力」として見定められていないことを問題視し、「時枝試案」と呼ばれた学習指導要領試案を自ら作成して提示した。[*2]

この時枝の学習指導要領批判は、国語科の学習内容を言語能力（国語学力）として明確にすべきだという提言であって、その後、国語能力を分析的にとらえ、学習内容として明確にしようとする試みがなされるようになった。その一人、増淵恒吉は、１９５３（昭和28）年、読書行為にはたらく能力（読解力）を、たとえば、（１）文章の内容をだいたい把握する能力（３）文の組み立てを理解する能力（４）指示する言葉が文中の何を指しているかを指摘できる能力（５）段落の文章を要約する能力など、「八つの能力」として分析して示した。読解能力を、読解テキストへのかかわり方（言語活動のあり方）に即して分析したものだが、そのことと同時に注目すべきは、（７）問題解決のために、読まれた思想を組織し、役立たせる能力（８）読まれたものを識別し批判する能力といった主体のはたらきを言語能力としてあげていることである。[*3]

昭和30年代にはいると、教育課程は経験主義・言語活動主義教育を土台としつつも、能力主義・系統主義の立場から大きな転換がはかられることになる。当時の第一線の実践者・研究者を総動員して開かれた全日本国語教育協議会は、１９５４（昭和29）年度「国語教育における経験主義と能力主義」を初めとして、「国語教育十年の歩みと反省について」（１９５５）、「現代史的立場から国語教育をどう扱うべきか―国語教育における人間形成の問題」（１９５６）、「国語教育における系統化とは何か」（１９５７）を論議の対象とした。そのような、教育現場や研究者の側の動きを背景に、昭和33・35年版の学習指導要領は、小・中学校とも「日常生活に必要な国語の能力を養い、思考力を伸ばし、心情を豊かにして、言語生活の向上を図る」を教科目標として掲げ、学習内容の構造化・系統化を図った。また、目標に「思考力」「心情」の語を用い、文末を「言語生活の向上を図る」でしめくくっているのも、33年版の性格を示している点で特筆すべきである。付記するなら、１９５６（昭和31）年９月刊『読解指導』で、「生活読み」とか「主体の原理」などをキーワードとして言語主体のはたらきとしての言語活動の重要性を提唱した倉沢栄吉が文部省視学官として教育行政に参加していたということもあり、この33年版には、教育界の動きが反映していたのは確かだと思われる。[*4]

3　態度主義学力観とその問題点

戦後における国語学力観は、基本的には「言語生活」の向上を志向しつつ、言語活動を支える言語能力を基礎・基本の国語学力として明確にする方向に向けて展開してきたと言っていいだろう。しかし、たとえば、滑川道夫の次のような発言もあったことを見過ごしてはならない。

変動のはげしい社会に成長しつつある子どもたちに柔軟性のある「学力」を与える必要があろう。（略）変化に「適応」する能力・生活力ということと、よりよい変化を「創造」する能力・生活力としてのひろい「学力」を目ざさなければならないことになる。[*5]

同じような立場で、井上敏夫は「行動として具体化され、生活を変化させ、向上させる力」（同上）といった言い方で、新しい教育の方向を示そうとした。[*5] これらは、戦後の新教育に一定の評価を与え、環境に働きかけ、問題を解決していく主体の能動的な力をも行為的態度として基礎学力とする、広岡亮蔵の態度主義学力観[*5]に通じるものであった。

国語科の学習指導要領の上には、態度主義学力観は、次のような指導事項として表われている。

例　小学校第6学年 目標

（1）聞くこと話すことによって生活を高め充実していくようにする。

（7）書くことを身につけ生活に役だてることができるようにする。

中学校第1学年 目標

（2）聞くこと・話すことの基礎的な技能を身につけさせるとともに、誠実に聞き、話す態度を養う。

このような態度的なものを学力とする学力観を否定し、1962（昭和37）年7月、雑誌『教育』誌上において「子どもの学習の効果が計測可能なような手続きを用意できる範囲でまず学力というものを規定しよう」という提言を行ったのは、勝田守一であった。勝田は、広岡亮蔵に代表される態度主義学力観を否定し、「計測可能」の観点を持ち込むことで、教育の中身を明確にしようとしたのである。[*5] その後、さらに中内敏夫は、１９６４（昭和39）年の別冊『現代教育科学』上のシンポジウムにおいて、「学力は、モノゴトに処する能力のうちだれにでも分かち伝えうる部分である」とし、「学力は、範疇・知識・習熟の三要素からなる」という学力モデルを提示した。[*5]

この態度主義学力観批判をどう受けとめるかは国語教育界においてもかなり重要な問題だったはずだが、一部の研究者を除いては、ほとんど取りあげられずに来た。しかし、今後、国語学力を考える上で重要な問題であることは確かであろう。

なお、この問題に関して田近は、態度主義学力観批判を受け入れつつ、「教材を媒介として学習することによって、形成・変容されていくものや人への主体のかかわり方」は国語科の学習内容として重要であり、学習によって客観的に形成可能な行為的な態度として国語学力の中に位置づけるべきだとしている。[*5]

4　創造性の開発と「言語の教育」

第四期以降の各期の学習指導要領の特質をキーワードで示すことで、その変遷を見ておこう[*6]（改訂年は小学校）。

第四期―１９６８（昭和43）年

情報化時代における創造的人間の育成

第五

第六

第七　「知の総合化」（総合主義復興）と週五日制＝ゆとり教育

第八期―２００８（平成20）年
　　言語活動の充実と活用力の育成

この半世紀の教育課程の改訂を振り返って見ると、それぞれの期ごとに、行政の側の新しい積極的な教育改革の意思を見ることができるように思う。しかし、その意思をどう読み取り、それをどう評価するかについての検討は、決して十分になされてきたとは言えない。たとえば、第四期まで国語科の目標は、小・中・高とも「生活に必要な国語」の文言で始まっていたのに対し、第五期は、その国語科の冒頭の目標から「生活」の語を削除して「言語の教育としての立場」を強調し、「言語活動重視から言語能力重視へ」、「言語生活教育から言語教育へ」と、それまでの立場の転換を図ったものであった。これに対して、例えば田近は、「やせいく国語科」という文言で批判したが、本格的な検討はなされないままであった。20年後のことだが、それまで3期の改訂にかかわってきた大平浩哉が、第七期の改訂の直後の平成9（１９９７）年5月、「能力中心から言語生活中心に改めよ」という声をあげたことは記しておかねばならないだろう。[*7]

振り返ってみると、教育課程の改訂に対する教育現場や研究者（学会）の側の批判的な検討はほとんどなされなかったし、また、教育課程に向けて、これまでの研究の成果を積極的に提示しようという意思も希薄であったが、教育行政の側も、教育課程審議会も含めて、教育現場や研究者の側の研究の成果や問題意識を十分に吸収しようとしてきたとは思われないのが現実である。具体的に言うなら、第四期で強調された言語活動における創造性の開発、あるいは創造的な言語活動を実践的に受け止める形で展開した大村浜の実践的研究は、第五期にはもちろんのこと、その後の教育課程の改訂にはほとんど生かされていないと言っていいのではないだろうか。わが国の教育界では、もっとも早い時期に創造性の開発の問題と取り組んだ倉沢栄吉らの研究も、その後の教育課程の改訂には、ほとんど反映されていない。

すでに半世紀も前のことになるが、１９７２（昭和47）年、倉沢栄吉は、情報読書を柱とする「新単元学習」を提唱したが、それは、情報の受け手が、それぞれの主体的な状況に応じて情報を受容・活用し、再生産することで自己を形成していく、いわば情報化社会における言語的創造力の育成をめざしたものであった。[*8]

その倉沢の情報読みの理論は、受け取ったものを再構成し、自分のものとして生成していく言語的な自己創造のはたらきを国語力（学力）と見るという提言であって、教育課程の設定においては、今なお重要な視点だと思われる。なお、基本的には同じ立場から、田近は、「言語を仲立ちとした文脈形成・思想生成のはたらきこそが、キー・コンピテンシーとしての言語能力である」として、読む行為の成立に即し、次の五つを、「自己創造の過程にはたらく言語能力」として取り出している。[*9]

(1) テキストの読み（受容）を通して、問題を発見し、課題を設定する能力。
(2) 仮説を立て、関連情報を収集して、検証・選別・再構成する能力。
(3) 情報資源としての価値を発見し、取り出し、活用する能力。

(4) 情報資源としての問題点を発見し、検証して、批評・評価する能力。
(5) 複数の情報資源を比較し、関係づけ、価値づけする能力。

これは、言語活動の実際に即し、他者とかかわって、自己の内に一つの文脈を形成する能力、そのような価値創造のはたらきとしての言語能力を取り出したものだが、この視点から、言語主体形成の国語学力の体系化を図る必要があるのではないだろうか。

5 国語学力としての言語習得力

国語科における自己学習能力として重要なのは、言語習得過程にはたらく言語能力である。日本国語教育学会は、1981(昭和56)年『国語教育研究』3月号(編集担当・桑原隆)を「言葉の学び手を育てる」を特集テーマとしたが、そのテーマに応えて、私は次のように述べた。[*10]

学ぶ力を開発することが学習そのものであるということを重視しなければならない。(略)ある言語能力を習得しようとする学習の過程に働く能力も、国語の学力を構成する一つの言語能力にほかならない(略)たとえば、「文法力」というと、文法に関する知識、及びそれを使いこなす能力だと考えられているが、自己学習能力の視点から言うなら、もっと重要なのは、文の法則性を追究・発見し、それを知識として構造的に理解していく能力、すなわち文法習得力ではないだろうか。

この問題を、さらに根源的なところから追究したのは、浜本純逸である。浜本は、丸山圭三郎のソシュール理解をふまえ、「ランガージュ」を「人類に普遍的な、言語を生み出し運用する根源的な能力」とし、その能力を「言語化能力」とよび、それは、「言語文化」「言語生活」「言語体系」の基盤にあって「それらを生み出し運用する人間固有の潜在的な能力」だとした。その上で浜本は、学力を基礎と基本とに分け、さらに基本的学力を認識諸能力と自己学習力に分け、国語科で育てる自己学習とは何かを論じている。*11

ここで問題は、田近の場合も浜本の場合も、国語科で育てるべき「言語を媒材とした自己学習力」と、「言語そのものを習得する過程にはたらく、言語習得力としての自己学習力」とを、学習内容としてどのように設定するかということである。第二言語の教育の問題とも関係づけて、今後ますます問題化するのではないだろうか。

補記

日本国語教育学会では、毎年、全国各県代表の理事、約210名ほどを対象にアンケート調査を行い、その結果を踏まえて年度大会のテーマを決めているが、昭和60年代以降、そのテーマに使われている文言でもっとも多いのは「ことばの学び手」と「言語生活」の二つであった。ということは、そこに国語教育のあり方を求める現場教師の意思が反映していると見ていいだろう。そしてそれは、人間的な言語生活の中で、他者とのかかわりを通して、自ら言語を習得し、自己を形成していく母語の教育のあり方を見定める上でも、そして、国語科の教育課程のあり方を考える上でも重要な視点になるのではないだろうか。

国語科学力論に関する資料（関係箇所に＊で示す）

＊1、拙稿「『読む』の教育課程史」国立教育政策研究所『国語科系教科のカリキュラムの改善に関する研究』2002（平成14）

＊2、時枝誠記「国語科学習指導要領試案（総説・講読編）」『国語問題と国語教育』中教出版1949（昭和

24）
＊3、拙稿「言語活動主義の『読むこと』の教育」国語教育史学会『国語教育史研究8』『同上9』2007（平成19）
＊4、拙稿「読むことの教育」日本国語教育学会『国語教育総合事典』（朝倉書店）2011（平成23）
＊5、拙稿「国語学力論の構想」全国大學国語教育学会『国語学力論と実践の課題』（明治図書）1983（昭和58）
＊6、拙稿「国語教育課程史の転換点」国語教育史学会『国語教育史研究』2002（平成14）
＊7、大平浩哉『国語教育改革論』（愛育舎）1997（平成9）
＊8、拙稿「倉沢栄吉『新単元学習論』の特質と今日的意義」日本国語教育学会『国語単元学習の創造　Ⅰ理論編』（東洋館出版社）2010（平成22）
＊9、拙稿「価値生成にはたらく『機能としての言語能力』」教育調査研究所『教育展望』2014（平成26）
＊10、拙稿「ことばの学び手を育てる」日本国語教育学会『国語教育研究』106集1981（昭和56）
＊11、浜本純逸『国語科教育論』（溪水社）1996（平成8）
＊その他　拙稿「国語科目標論の成果と課題」全国大學国語教育学会『国語科教育学研究の成果と課題』（明治図書）2002（平成16）

2　基礎・基本の学力
――国語学力論（1）

1　学力論の今日

国語科の限られた時間の中でやるべきことは、改めて言うまでもないことだが、基礎・基本の国語学力をつけることだ。

国語学力とは、国語科の学習を通して習得する、国民の基礎素養とも言うべき母語＝日本語に関する能力である。それは、すべての学習、すべての生活を支える言語能力であって、その意味で、すべての領域の教育にとって、その基礎学力であると言える。

国語科は、そのような、すべての領域の教育を支える基礎学力としての言語能力を、国語学力として養う教科である。

では、そのような国語科自体の基礎・基本の学力とはどのようなものだろうか。

これまで、幾度も学力とは何かが、教育の重要な問題として論議されてきた。まず、戦後の民主主義教育の中で、学力は興味・関心・意欲などの態度を中核として考えられた。その後、そのような態度を重視する学力観は、学力低下をきっかけとした論議の中で、態度主義学力観として批判された。その代表的な論者の一人である中内敏夫は「分かち伝えることのできるもの」という言い方で、客観的に認定可能なものを学力とする科学的能力主義とも言うべき学力観を提示した。ブルームらの影響を受けて大きく取り上げられた到達度目標の設定と到達度による絶対評価（到達度評価）も、学力を客観的、科学的に明確にするという能力主義学力観を基礎にして初めて可能なものであった。

平成に入って、今度は文部省の方から、関心・意欲・態度をも学力とする「新しい学力観」が提示された。これは、態度を学力として認める態度主義学力観という基本的な性格の上で、戦後教育の復活と見なされるべきものであった（私自身は、戦後の態度主義に対する中内らの態度主義批判の教育的意義を認めながら、その上で問題意識や興味・関心などの認知的能力としての態度を学力の中に位置づけるべきだということを主張してきた。その立場から言うと、「新しい学力観」は態度主義と能力主義との問題を不問に付したままの提起であって、それが現在の基礎・基本の内実を曖昧にしているように思われる）。そのような戦後の学力論の史的展開を視野に入れて言うなら、今日の課題は、興味・関心などの態度を学力としてどうとらえるかの問題も含めて、国語科の基礎・基本の学力とは何かを明確にすることであろう。以下、そのことについての私見を述べていきたい。

2 国語科の基礎学力

(1) 漢字力

具体的に言おう。国語教師は、漢字の読み書きを軽く見てはいけない。漢字の読み書きの能力は、国語学力の基礎である。なぜなら、漢字の読み書きができるということは、漢字をことばとして認知しているということだからだ。言い換えると、漢字を認知するということは、それが表す一つ一つのことばを認知するということである。従って、漢字を認知する能力、すなわち漢字力は、母語としてのことばを認知する能力であって、言語能力の基礎なのである。

ところで、漢字をことばとして認知するとは、日本語の語彙を認知するということでもある。つまり、日本語を構成する語彙を、その意味とはたらきの上で意識化していくということであって、漢字力は、日本語の語彙理解にかかわる必須の能力だと言えよう。

(2) 語彙力・文法力

文脈をとらえ、そこで使われている語彙を理解することができれば、どうにかある程度の言語理解は成立する。また、文脈を形成しつつ、語彙を使うことができれば、なんとか言語表現は成立する。即ち、文脈の中で語彙がわかれば何らかの理解が成立するし、文脈の中で語彙が使えれば何らかの意思の伝達が可能になる。その意味で、文脈を形成する語いと文法とは、なくてはならない重要な言語要素であり、それを認知する能力は、すべての言語能力の中でも、それを支えるもっとも基礎的な能力である。

前述したように、国語科が言語能力を養う教科である以上、言語能力の基礎であり、言語学習の基礎である語彙と文法とを認知する能力は、国語学力の基礎、つまり国語科の基礎学力である。また、語彙との関係で漢字力も、基礎学力の一環と見なすべきものである。

3 国語科の基礎学力

一つ一つのことばをことばとして認知することなしに、言語行為は成立しない。語や文を、意味とはたらきの上で認知することができるから、言語による表現も理解も成立するのである。その点で、母語の文字や語や文を認知する能力こそ、言語能力の基礎であり、言語学習力の基礎である。

漢字を例に考えてみよう。先に私は、漢字力とは漢字をことばとして認知する能力だと言ったが、それは、具体的には次のような能力である

ア、漢字に関する知識・技能（漢字の字形、よみ、意味、はたらきなどに関する知識）

イ、漢字に対する意識・関心（字形、よみ、意味、働きなどに対する意識、関心など）

特に、漢字を認知するとともに、認知の能力を高めて行くには、漢字に対する意識や関心などの認知的態度が重要である。それは、漢字運用の能力であり、しかも、漢字習得力あるいは学習能力、つまり漢字に関する〈学び〉の能力なのである。

同様のことは、語彙や文法に関しても言えよう。ともかく、私がここではっきり言っておきたいのは、文字や語彙、文法などのいわゆる言語要素に関する認知の能力は、あらゆる言語能力の基礎であり、それにとどまらず、すべての言語学習の基礎であって、それが国語科の基礎学力だということである。そして、意識や関心などは、言語習得・言語運用に関する明確な認知的態度として、国語学力の中に位置づけておくべきだと考える。

4　国語科の基礎・基本

言語に関する認知の能力を基礎とするなら、基本は、その言語を実際に運用する能力、つまり、話す・聞く・書く・読むの能力である。実は、この基本の言語能力の方にこそ問題は多いのだが、ここでは、国語科の基礎と基本とを明確にすべきだという立場から、基礎学力の方に力点を置いて問題を提起した。しかし、これだけでは知識・技能の注入・訓練に逆戻りさせようとするのかと言われかねない。現場の実践にとって大事なことは、これから先である。たとえ、漢字の読み書きが大事だからと言っても、それをドリルやワークブックで注入しよう

としても、それでは生きてはたらく力にはならないし、漢字を認知し、自ら習得する力＝学びの力は育たない。どうしたら話す・聞く・書く・読むの活動のリアリティーを高めることができるかが、実践的な課題となるだろう。実は、そのような学習としての言語行為のあり方が、身につけることばの内実を左右するのである。

3　価値生成にはたらく「機能としての言語能力」

——国語学力論（2）

1　言語活動と国語力

すべての「学び」において、言語活動が重要だと言われる。それは改めて言うまでもないことであって、知的領域だけでなく、すべての領域において、「学び」は言語活動なしには成立しないのである。

ＯＥＣＤのＰＩＳＡ調査の発表、文部科学大臣の諮問を受けての文化審議会答申「これからの時代に求められる国語力について」をきっかけに、文部科学省は、特に「国語力」の重要性を強調し、さらに「言語活動の充実」を学習活動の実践的課題として強調してきた。それは、これからの時代を生きる現代人にとっての言語及び言語活動の重要性が認識されてきたからである。しかし、それだけではない。文科省が『言語活動の充実に関する指導事例集』まで出して、全教科における言語活動の具体的なあり方を例示したのは、すべての「学び」を成立させる言語活動のはたらきの重要性に着目したからである。

今日、若者の日本語力の低下が話題になる一方、日本語ブームと言われるほど、漢字や語彙に関する関心が高まってきていて、テレビにはいくつもの日本語に関するクイズ番組が登場してきている。中には、現代人の言語感覚や言語知識を問いなおすきっかけになるような、批評性の高いものもあって、それはそれとして評価できる。しかし、今日、「学び」の問題として言語活動が重要視されてきているのは、単に文字の読み・書きの力や、語彙量や文法力などが低下してきているからではない。もちろんそれもあるだろうし、「学び」を成立させる上で、文字・語彙・文法に関する知識と、それらを道具として使いこなす言語運用に関する技術が必要なことは言うまでもない。しかし、今日求められているのは、そのような言語知識、言語技術ではないのではないだろうか。

例えば、平成二二年一二月、文科省発表の「言語活動の充実に関する指導事例集」を見てみよう。そこでは、「評価規準」の項に、「読む能力」として、「推薦したい本の内容や書き手に関連する本を重ねて読むなど、目的に応じて複数の本や文章を選んで比べて読んでいる。」（第六学年）といった、言語的な情報受容活動に即した能力が上げられている。このような言語能力は、文字や語彙・文法など言語要素に関する言語知識、あるいはそれらを運用する言語技術ではない。また、「文章構成の分析」とか「文と文との連接関係の把握」というような、読み取りの対象である文章の構造に即して取り出されたものでもない。それらを基礎としつつも、特に重要なのは、それらを使って情報資源とかかわり、思考力をはたらかせて新しい情報（思想内容）を形成・産出する自己創造的な機能としてはたらく言語能力、約言するなら、思想生成のはたらきとしての機能的な言語能力である。

なお、「言語活動の充実に関する指導事例集」に関して補足しておくなら、更に注目すべきは、言語活動の充実の視点から学習活動のあり方を示しているのであるが、それは、とりもなおさず、思考のはたらきを言語活動として取り出すことで、「学び」のあり方自体を問い直しているということである。すなわち、行為としての「学び」の成立を、言語活動の視点から、認識の形成・思想生成の過程に即して、具体的な言語活動として明確にしているのである。

2　価値生成の言語活動

ところで、言語を仲立ちとした「学ぶ」という行為は、主体の内に、一つの文脈を創り出していくということだ。たとえ何らかの能力を習得するための「学び」であっても、言語活動を仲立ちとするとき、理解したり表現したりする行為は、わが内に一つの文脈、一つの思想内容を創出するということであって、言語主体にとっては、そのこと自体に価値がある。すなわち、言語を仲立ちとした「学び」の行為の本質は、思想形成による価値の生成にある。

言語活動としての「学び」とは、言語を仲立ちとして、わが内に一つの文脈を創っていくということ、つまり、自分の世界を生成し、何らかの価値を創出していくということである。たとえ、それが「学び」であっても、言語活動の本質は、主体にとって何らかの価値を創出することにある。読むことにおいても、書くことにおいても、主体は、自己の世界の創造を通して新たな価値創出の行為を生きるのである。

ＯＥＣＤのＰＩＳＡ調査は、これからの「知識基盤社会」の時代において様々な変化に対応していくために必要な、①自律的行動、②人間関係形成、③ツールの相互作用的活用の能力を「主要能力」（キーコンピテンシー）とした。また、読むことに関する能力についても、必要なのは「リーディング」ではなく「リーディング・リテラシー」だとし、それは「自ら目標を達成し、自らの知識と可能性を発達させ、効果的に社会に参加するため、書かれたテキストを理解し、利用し、熟考する能力である」とした。このことは、単に国語科だけの問題ではない。すなわち、キーコンピテンシーとしてのリーディングリテラシーのはたらきは、教科の枠を超えて、すべての学習活動のあり方に関する問題なのである。それは、ＯＥＣＤのいうキーコンピテンシーの中心にあるのは、中教審の言葉を借りるなら、「自ら課題を見付け考える力、柔軟な思考力、身につけた知識や技能を活用して複雑な課題を解決する力、他者との関係を築く力、豊かな人間性など」（平成二〇年答申「新しい時代を切り拓く生涯学習の振興方策について」）であって、私見を述べるなら、それは、自立と協同を求めて、他者を受容し、自己の世界を創出していく価値生成の能力だからである。

しかし、問題は、そのキーコンピテンシーとしての言語能力が、その後の教育界において、主体の自己形成能力として、明確に見極められているかということである。国語教育に関して言うと、具体的にどのような言語活動を成立させる能力を教育内容とするのかである。それは、まさに知識基盤社会における学力観の問題である。

3　機能としての言語能力

毎年、全国一斉に実施される学力調査は、様々に展開する言語活動の場におけるキーコンピテンシーとしての言語能力の掘り起こしを進めている。調査問題を通してではあるが、今日どんな言語能力が必要なのかを具体的に示している点で、注目すべき研究の成果だというべきであろう。しかし、それでも、その調査を支えているのはどのような言語能力観か、あるいはどのような国語学力観であるかという肝心の点は、あいまいなままなように思われるのである。

ＰＩＳＡ調査において、キーコンピテンシーとして取り上げられているリーディング・リテラシーも、活動に即してなされる行動評価の指標であって、その性格は、言語能力と言うよりは、リーディング・ストラテジーと呼ばれるものに近いように思われる。すなわち、評価の対象とされているのは、情報化社会に生きるストラテジー（方略）としての情報処理・活用の技能なのであって、自己の世界を創造していく価値生成のはたらきとしての言語能力ではないのである。

価値生成の言語活動は、他者とかかわり、その異質性を受容しつつ、自己の世界を創出し、思想内容を生成していく行為である。その自己創造の過程にはたらく、言語を仲立ちとした文脈形成・思想生成のはたらきこそが、キーコンピテンシーとしての言語能力ではないだろうか。以下、私案ながら、自己創造の過程にはたらく言語能力を、読む行為の成立に即して取り出してみよう。一つの文脈の成立過程に即して取り出してみると、例えば、次のような能力が思想内容形成にはたらく機能的言語能力として取り出すことができるように思われる。

1、テキストに（あるいはテキストを通して）問題を発見する能力。
2、仮説を立て、関連情報を収集して、検証する能力。
3、情報資源としての価値を発見し、取り出し、活用する能力。
4、情報資源としての問題点を発見し、批評・評価する能力。
5、複数の情報資源を比較し、関係づけ、価値づけする能力。

これは、一つの試案ではあるが、言語活動の実際に即してリーディング・ストラテジー的な能力を取り出すのではなく、このような情報生成・思考形成の過程にはたらく、言語を仲立ちとする能力、言いかえると、他者とかかわって、自己の内に一つの文脈を形成する能力、そのような価値創造のはたらきとしての言語能力を取り出し、言語主体形成の国語学力として、その体系化を図る必要があるのではないだろうか。

4　他者＝異質性を受容する能力を育てる

――国語学力論（3）

1　連帯から共生へ

現代は「億兆心を一に」することのできない時代である。それはしかし必ずしも憂うべき事態と言うべきではない。人間の社会においてそれは必然のこと、否、むしろそれが本来の姿と言うべきであろう。

もちろん、一つの目的のもとに、集団が行動をともにすることはありえよう。その思いを共有する集団も、それは、目的や計画などにおいてであって、思想（知の世界）、感情（情の世界）のすべてにおいて同一ではありえない。人間の社会において、個人は、自己のアイデンティティーを確立しつつ、集団に参加する。

人間の社会を形成するには、お互いがその異質性を理解し、認め合っていかなければならない。ものの見方や考え方の違う者は排除するところに、人間の社会は形成されないのだ。自己中心的な排除の論理による子どもの社会のいじめも、現代の子どもたちに、他者の異質性を受容する能力が欠落していることを示している。

ものの見方・考え方を共有することはすばらしいことだ。しかし、その結果を求める前に、人はおたがいのものの見方・考え方をわかり合い、認め合うべきである。それぞれの同質化をはかるのではなく、おたがいの個別性・異質性を受容しつつ、その関係の中で自己実現をはかるべきである。そして、ものの見方・考え方の同じ者同士の連帯から、その違う者の共生へと一歩踏み出さなければならない。

価値観の多様化の進む社会（多価値社会）において、自分の立場なり価値観なりにこだわり、そこに垣根を作っていては、自分と違う者に対しては、排除するか、自己を閉鎖するかしかないだろう。多価値社会における排他と孤立とは、異質なる者の存在を正しく認識し、許容することのできないところに起因する。多価値社会だからこそ、立場や価値観の違う者が存在するという現実を認め、その上で自己の確立と実現とをはかるべきである。

2　他者＝異質性の認識

共生とは、異質なる者と人間の社会を形成し、ともに生きるということであり、他者との関連の中で自立するということである。それは、「なあ、なあ」の関係で馴れ合い、もたれ合うことではない。では、そのような、異質性を受容し、他者との共生関係を形成する能力を育てるにはどうしたらよいか。

最近、子ども社会の危機に気づき始めた教師たちによって、学年を越えたレクリエーション集会やおたのしみ会、そのほか、さまざまな形の仲良しタイムなどの設定が試みられている。それはそれで結構なことなのだが、しかし、多価値社会における排除と孤立の問題に対する本質的かつ積極的な対応にはなりえないのではないだろうか。なぜなら、他者が他者として認められていないからである。むしろ、そこでは個の異質性は不十分なまま、全体の流れの中に埋没させられてしまっているのである。

本質的には、個人を個人として見る目を育てるところから始めなければならない。個人を個人として見るとは、くり返しになるが、それぞれの個別性を認め、異質性を理解すること、そして、他者を他者として受けとめていくということである。仲良しタイムでゲームをたのしむというのとは、本質的に発想を異にするものである。仲良しタイムは、触れ合いによる「気が合う」「心がとけ合う」ということをねらい、異質性をきわだてない関係をつくっていこうとするものだからだ。しかし、必要なことは、他者の存在をあいまいにすることではなく、むしろきわだたせることだ。きわだたせ、明確に意識化した上で、その意味と、位置・位相とを把握していくことである。それこそが、異質なるものの共存する人間社会に生きる共生者としての私たちの課題である。

3 他者＝異質性の受容能力を育てる

すでに述べたように、共生の可能性は、馴れ合いの関係を断ち、異質性を受容するところに生まれる。以下、その過程にはたらく能力を、行動の面でとり出しておこう。

(1) 他者の発想と論理とを正確にとらえる。
他者を自分にひきつけて見ず、客観的にその思想の根拠を理解する。

(2) 他者の観点に立ち、その体験を再現する。
想像力によって、自分以外の人の立場に立ち、虚構世界を体験する。

(3) 文脈をたどり、他者の発想・論理に異化を体験する。
自分の発想・論理にそぐわないもの、あるいは日常的感覚になじまないものにこだわり、それは何かをとらえる。

(4) 異質なる他者を発見し、自己を相対化する。
自己を相対化する視点を他者の中に見いだし、それをもって他者によって自己を相対化する契機とする。

5　学力としての自己学習能力を育てる
――文化的内容体系と学力の体系

1　文化的内容体系に基づく学力の問い直し

(1)　教科内容としての文化的内容

今日の学校教育における教科は、基本的には、科学や芸術など、文化的内容の体系に基づいて設定されている。したがって、学習によって習得すべき国民の基礎素養としての学力の体系は、文化的内容の体系に即して考えられていると言ってもいいだろう。視点を変えて言うと、先人が蓄積してきた文化的内容を教科の学習内容として習得させるのが学校教育の役割だということになる。

国語科を例にして言うなら、たとえば、文化的内容としての漢字の学習の場合、現在でも問題とされるのは、どうしたら、１０２６字もの学習漢字を、正確にしかも効率よく習得させることができるかである。言うまでもなく、小・中学校の学習は、文化的価値の高いものを、分かち伝えるべき知識・技能として、正確に、そしてできるだけ多く習得させようというものである。しかし、それは、価値ある知識・技術の一方的な注入・訓練を学習者に強いることになりかねない。このような学習指導は、これまでも教育の内側からしばしば批判されてきた。しかし、学問的な研究の成果である文化的内容を中心に、その基礎を教科内容として設定し、それを基準に学力を考えようとする以上、そうなるのは必至なのではないだろうか。

しかし、その教科の学習内容としての文化的内容も、近代における知のパラダイム転換にともない、知識重視から方法重視へと、その重点の置き方を変えてきた。即ち、国語科においても、言語知識を重視する「もの」の教育から、読む・書く・話す・聞くの活動、あるいはその方法・技術を重視する「こと」(「読むこと」などの活動)とか「かた」(「読み方」などの方法)の教育へと、重点の置き方を変えてきたのである。教科内容としての文化的内容が、対象としての言語から、主体の行為へと移ってきたといってもいいだろう。また、学習指導の方法のうえでも、児童・生徒の主体的な活動の開発が、さまざまな形で試みられてきた。特に、1980年代から全国的に広がってきた国語科教育変革の動きは、一つは単元学習として、また、一つは教育技術法則化として、教科内容自体の問い直しをともなって進められてきているのである。

(2) 教科のあり方の問題

しかし、今日、さらに、文化的内容体系に基づく現在の教科のあり方が問い直されてきている。教科あるいは教科内容の再編成とか、教科内容の厳選とか、合科あるいはクロスカリキュラムとか、さらに総合学習とか…、それらは、一つの教科の枠内にとどまる問題ではない。文化的内容体系に基づく教科の枠自体の問い直しをも迫る問題である。生活科の開設につづく、記号科や環境科などの教科新設の試行的研究などは、教科の枠の問い直しの現れである。

教科の枠を問い直すということは、学校教育において習得させるべき学力、特にその構造を問い直すということである。学力の問い直しは、言うまでもなく、これまでの教育の中身を形成してきた文化的内容自体の問い直しとともにある。これまでの、文化的内容体系に基づいて設定されてきた学力の体系の問い直しをともなわずして、教科の問い直しはない。

今日、教育にかかわる内外の事情から見て、教科の問い直しは必至である。それは、実質的な21世紀の教育改革につながるだろう。しかし、これまでの教科学習に問題が多かったからと言って、教科の枠を動かせばいいというものではない。それではあまりにも安易すぎるのではあるまいか。文化的内容体系に基づく学力に体系、およびそれを柱とする教育のあり方、なかんずく教科学習自体を、まずは問い直すべきであろう。今日における教科の問い直しは、学習内容から学習方法までも含む、文化的内容を基軸とする教育のあり方の基本を問題とするものである。

2　教科学習の問い直しの視点

(1)　教科内容と学習方法

現在の、文化的内容体系に基づく学力の体系、あるいは教育のあり方、なかんずく教科学習の問い直しとは、具体的にはどういうことか。すなわち、今、何が問題なのか。つきつめると、それは、次の2点である。

A　教科内容、および教科編成の問題

現在の、文化的内容体系に基づく教科内容、および教科編成は、今後どうあるべきか。どのように問い直していったらよいのか。

B　学習方法の問題

学習者における学習行為（＝学び）の成立を図るには、教科の学習は、どうあらねばならないのか。

この、学習内容の問題（教科に関して言うと、教科内容および教科編成の問題）と学習方法の問題とのうち、ここでは、学力の問い直しとの関係で、教科内容について検討していくことにする。

(2) 教科内容の問い直し

近年、特に、教師が「教え、授ける」のではなく、児童・生徒が自ら「求め、学ぶ」ようにすべきだということが言われる。それは、学習方法の問題である。いうまでもなくそれは大事な問題であるが、その前に、そこで学ぶものは何か、それは今まで通りでいいのかという問題があることを忘れてはならない。それが教科内容の問題である。

教科内容の見直しは、さらに、次の二つの観点から進められなければならない。

① 教科学習によって分かち伝えるべき文化的内容からの問い直し

② 学び手が自ら学びを成立させる自己学習能力（自己形成能力）からの問い直し

近代の学校教育において、教科内容の柱であり土台でもあった文化的内容は、これまで通りでいいのかの検討が①であり、教科内容は文化的内容だけでいいのか、学びを成り立たせる能力をも教科内容として位置付けなければならないのではないかの検討（教育の論理に立つ問い直し）が②である。

以下、この、文化的内容と自己学習能力の二つの観点から、教科内容の見直し、すなわち、学力の見直しについて検討することにしよう。

3 教科内容の基軸となる文化的内容の問題

(1) 文化的内容と教科内容

具体的に検討してみよう。国語科の場合、現在の教科内容は、音声・文字・語彙・文法等の言語要素、及び、聞く・話す・読む・書くの言語活動に関する知識・技術・態度からなっている。この言語要素と言語活動からなる内容の基礎となっているのが、国語学・国文学、それに、言語学・文芸学・修辞学・コンポジション理論・コミュニケーション理論などの文化的内容である。すべての教科が同様であるが、国語科という教科を認める以上、そのような文化的内容とは別に、教科内容を設定することはできないだろう。問題は、そこからである。

まず第一に問題になるのは、文化的内容を基礎として教科内容を設定するとして、では、それは今のままでいいのかということである。すなわち、習得すべき文化的内容は、現在の学習指導要領が示すようなものでいいのかということである。「新学力観」とか「生きる力」とか「総合的な学習の時間」……などと文部省筋から新しい言葉は次々に出されるけれど、それがいかにも虚しいのは、それがどういうものかが教科内容として示されていない、すなわち、現在の学習指導要領をどうするのかが示されていないからであろう。それは、文部省だけの責任ではない。教育にかかわる者は、文化的内容をどうとらえ、何を、どのように、教科内容としていくべきかの見直しをしなければならない。

(2) 〈例〉聞く・話すの学習内容

聞く・話すを例に考えてみよう。話しことば領域の活動としては、「音読・朗読」系列の活動の他に次のようなものがある。

A、スピーチ（独話）系列…話す―聞く
　ア、報告（伝達）
　イ、発表（説明・解説、意見・論説）
B、ディスカッション（話し合い）系列…話し合う
　ア、対話・討論（バズセッション、パネルディスカッションなど）

イ、討論（ディベート）　　　ウ、会議

戦後、話しことば教育は、アメリカの影響を受けて、疑似法やパネルディスカッションを活動内容として取り入れたが、その重点は、スピーチ（パブリック・スピーキング）系列にあった。しかし、今日、ディベートや討議法の研究がさかんになり、話しことば教育の重点は、話し合い系列に移ってきた。それは、話し合いによる人間関係形成と自己実現とを求める、教育界内外の声に応じるものでもあった。そのような事情を視野に入れるなら、話しことばに関する教育内容は、コミュニケーション能力育成の観点から、その重点をディスカッション系列に置かなければならないことになるであろう。すなわち、

○人（自己）と人（他者）との関係の形成にかかわる能力

に重点を置くということである。そのような能力の基軸は、次の二つである。

●異質なる他者を受容する能力（他者の視点を理解し、批判する能力）

●異質なる他者に対して、自己を表現する、あるいは説得する能力

後述することとの関係もあるのだが、私は、このような能力を養うためには、特に他者理解を基盤とする「対話・討議」を、話し合いに関する教科内容の中心に据えなければならないと考えている。いや、それどころか、対話・討議は、他者理解による自己形成の重要な契機であり、その能力は、文化的内容の枠を越え、言語活動を媒介とした自己形成力として、国語学力の中核となるものである（そのことについては、後述する）。

(3)　文化的内容としての学力

以上、教科内容としての文化的内容の問題について、話しことば領域を例にして具体的に検討してきた。これでわかるように、これまで教科の柱となってきた文化的内容自体、今日、改めて検討し直さなければならないの

である。これは、もちろん、国語科に限ったことではない。学問の進展にともない文化的内容が変化してきている場合もあるだろう。教科内容としてどのような文化的内容を取り上げ、どのように編成し直すか、これは、教科で習得すべき学力の問題としてもきわめて重要である。

殊に、週五日制の時代を迎え、教科内容の厳選が言われるが、それは、今の学習指導要領の一部を削除するという形で行うのは、教科学習を痩せ細らせるばかりで、もっとも稚拙なやり方である。教科の枠組みの見直しをも視野に入れて、教科内容の再検討・再編成と取り組む努力が望まれるのである。

4 学習能力の形成過程からの教科内容の見直し

(1) 文法学習——文化的内容の例として

話をわかりやすくするために、まず、文化的内容として見やすい文法の学習を例にして考えてみよう。最近の小学校の国語教科書には、低学年から、基本的な文型や、「もののなまえをあらわすことば」(名詞)や「どうさをあらわすことば」(動詞)などが出ており、高学年になると、「文をつなぐことば」(接続詞)や「意味をそえることば」(補助用言)などが出てくるものが多いようである。このような文法教材は、もちろん文法体系によって教材化されたものだが、しかし、その提出の順序は文法体系そのものではない。それは、文法体系を柱としながらも、児童の発達段階を考慮しての提出となっている。学習内容を決定する条件は、学び手の側にもあるというわけである。

しかし、この場合も、学習内容は日本語の文法である。すなわち、どんなにやさしい記述になっていても、そこで学習するのは国語学あるいは近代言語学の研究の成果である。つまり、教科内容は、あくまで文化的な内容なのである。そして、その文化的な内容を習得させるために、児童の発達段階を考慮した提出になっているというわけである。学力ということで言うと、それは文法に関する知識、あるいは文法を使いこなす技能、すなわち、文化的内容に関する知識・技能だということになる。

(2) 学力としての自己学習力

このような、結果として身につける知識・技能を学力とするのに対して、それらを習得する過程に働く能力をも学力として位置づけるべきだという主張がある。（注1）即ち、文法というものが先にあるのではなく、複数の言語事実に共通点や矛盾点を見出したり、そこに何らかの法則性をとらえ、それを他の事例に当てはめて検証したりしていく、文法習得過程にはたらく学習能力こそ、学力として重要だというのである（そうだとすると、自己学習能力を養うことを学習内容として設定しなければならないということになる）。

このような考え方に立つと、学力は、知識・技能と、学習能力との二重構造をなすものとしてとらえることができる。結果として身につける知識・技能は文化的内容であり、過程にはたらく学習能力（主体形成力）は文化形成力である。ただし、知識・技能は、学習能力のはたらきで形成されるものだから、結局は学習能力を養うことが知識・技能を保障することになる。

(3) 自己学習能力としての情報受容・活用能力

では、そのような学習能力とは、どのようなものなのだろうか。もちろん関係する領域によってそのはたらきは違ってくるのだが、基本的には、問題を発見し、追究・解決していく過程にはたらく能力である。問題を解決するには、さまざまな角度から情報を集め、それらを関係づけて一つの認識を形成していくのであって、その過程は、大筋では、次の①～⑤のような、情報の受容・活用の過程である。

①　問題発見・課題設定
　問題を発見し、追究すべき課題として設定する。
②　情報収集
　課題解決のために必要な情報（データー）を収集する。
③　情報整理
　情報を何らかの観点から分類し、整理する。
④　情報検討・情報批判
　情報を分析し、その信頼性・整合性、背景や意図などについて検討・批評する。
⑤　情報活用
　必要な情報を保存したり、再構成して発信したりする。

これは、認知的領域における学習の成立過程そのものである。すなわち、学び手は、情報の受け手が個々の情報を収集・整理し、再生産するように、個々の事象を関係づけ、構造化することで、まとまった認識を形成するとともに、立場を転換させて自分が情報発信者となっていくのである。

文法学習で言うと、先ず、言語事象と出会って問題をとらえ（それを解決すべき課題として設定し）、その解決のためにデーターを収集し、比較したり関係づけたりして、課題に対する仮説を立て、それを他のデーターとつき合わせて、検証し、一つの認識内容をまとめ上げて、課題を解決する…というように進んでいく。これは、まさに情報受容・活用といった形での自己学習活動である。

(4) 自己学習能力としての対話・討議能力

ところで、前節で、「対話・討議」について、それは「他者理解による自己形成の重要な契機」となるものだと言った。即ち、対話・討議が重要なのは、それが、近代科学の成果として価値ある文化的内容だからではなく(もちろんそれもあるが)、他者との関係を仲立ちとする自己形成行為であって、その能力は、自己学習能力の重要な柱となるものだからである。その観点から見直してみると、前節であげた「異質なる他者を受容する能力(他者の視点を理解し、批判する能力)」は、話しことばの能力として重要なだけではなく、自己形成の基礎となる他者理解力として重要なものだといえよう。さらに言うなら、私は、自己学習(主体形成)の観点から、次のような能力を、対話・討議に関する学習内容として、教育課程の上に明確に位置づけるべきだと考えている。

● 異質なる他者を仲立ちとして、自己を相対化し、自己を拡充・変容する能力

これは、人(他者)とのかかわりの中で、〈即自〉から〈対自〉へ視座を転換する能力であって、関係行為としての対話・討議の成立を支える重要な能力なのである。

(5) 人間関係形成、そして課題追究

今日、言語活動として、対話・討議活動と、情報受容・活用活動とが並んで重視されるようになった。それは、今日の社会が、特に対話・討議と情報受容・活用とを必要としているということもあるのだが、それよりも、教育的に見てその二つが重要なのは、共に言語を媒介とした自己学習能力の中核をなすものだからである。

これからの国語科は、対話・討議能力を他者との関係能力(及び自己実現能力)として問い直すとともに、情報

受容・活用能力を課題追究による認識形成能力（及び自己実現能力）として問い直し、そのことで、国語学力を、自己学習能力（主体形成力）の観点から明らかにしていかなければならない。（注2）

5　自己学習能力を育てる総合学習

(1)　自己学習活動―その総合的性格

文化伝達から自己学習へと、今や、教育は、その立つ基盤を転換しなければならない。それは、20世紀がその解決を21世紀に託す教育的課題の一つである。

自己学習能力は、いうまでもなく自ら問題をとらえ、それを、すべての既習の能力を動員して解決しようとする自己学習活動を通して習得される。

自己学習（活動）は、主体形成行為である。主体形成行為としての自己学習は、前節でみたように、他者との関係の形成、その中での課題追究、および自己実現の行為として成立する。すなわち、すべての活動は自己実現行為だが、特に、対話・討議活動は人（他者）との関係行為であり、情報受容・活用活動は、課題追究行為である。すべて、主体をめぐる状況とかかわり、そのかかわりを通して自己の存在を確立する、きわめてアクチュアリティーの高い活動である。そこでは、活動の契機が主体の側にある。自己学習は、そのような、活動の契機が学び手の側にあり、彼が自らその課題状況の克服と取り組むところに成立するのである。

繰り返すが、自己学習は、活動の契機が学び手の側にある。自己学習能力は、そのような自己学習活動を通して習得される。活動の契機が学び手の側にある自己学習は、習得・継承すべき知識・技能を中心にではなく、自ら解決すべき課題を中心にして、さまざまな角度から（多角的に）展開する。また、課題の追究を柱とする活動は、ある場合は現地調査により、あるいはまたインタビューにより、というように、ジャンルを越えて展開する。主体の課題追究の意識に即する以上、自己学習活動は、ある特定の能力の習得や、あるジャンル、ある観点、ある教科の枠内にとどまることなく、自律的、かつ総合的に展開するのである。

(2) 総合的能力としての自己学習能力

しかも、観点を変えて言うと、自己学習能力自体、物事に対する関心や問題意識、論理的な思考力、多角的な追究力、反省的な判断力（自己批評力）など、多面的、多角的で、しかも総合的である。たとえば、〈読み〉の学習で、読者としての学習者が、自分なりの〈読み〉を成立させるには、自ら問題をとらえて、様々な角度から検討し、さらに自分のとらえ方を見直していかなければならない。その活動は、ある特定の技能の伝達・習熟が分析的になされるのに対して、総合的である。すなわち、近代科学の成果などの文化的内容の学習が基本的に分析主義に立つのに対して、学習者主体の自己学習は、学力論としても、学習方法論としても、総合主義の立場に立つものだと言えよう。

なお、念のために言い添えると、私は、分析主義を否定しているのではない。教科内容から文化的内容を除くことはできないからである。前にも述べたことだが、学力は、学習の対象としての科的内容と、主体形成過程における学習能力との二重構造をなしているとみるべきだと、私は考えているのである。

6　ことばの危機の克服と国語学力の育成

1　ことば（あるいはことばの生活）の危機

今日、私たちは、ことばに関するさまざまな問題に直面している。その多くは、今日の時代を反映する社会的な問題にもなっている。

たとえば、日本語の本の出版が相次ぐ日本語ブームの中で、若者ことばの乱れや荒れがひどくなっている。また、メールや携帯電話などのコミュニケーション機器が普及する一方では、人との正常な交わりができず、ディスコミュニケーションの状態で、すぐにキレたり、引きこもりになったりする子どもが増えている。小学校の学級崩壊も、その原因は、教師と子ども、子どもと子どもとのコミュニケーションに問題があるという場合が多い。ことばによるいじめや差別・ジェンダーの問題なども、あげていくと枚挙にいとまがない。そのほか、小学生から高校生までの多くが、部活や補習、塾などのために時間がなく、家に帰っても本を手にすることのない、いわゆる「不読者」になっている。このようなことばやことばの生活にかかわる問題の中でも、特にディスコミュニケーションに根ざす人間関係意識のゆがみや荒れは、もっともやっかいな問題のように思われる。この数年、新聞紙上をにぎわした、残虐な少年の問題行動も、それがすべてではないにしても、閉ざされたことばの生活に原因の一つがあったと見ていいだろう。

一般社会においても、一見ことばの問題とは関係ないような差別や家庭内虐待（ドメスティックバイオレンス）、さまざまなハラスメント、人権侵害……といった深刻な問題が山積するが、ことばやことばの生活の視点から見ると、その根底には、現代人の言語に対する不誠実な態度が横たわっていることが見えてくる。ことばが、相手のことを思いやる心のはたらきの中で使われていないのだ。常識的な言い方だが、ことばが、人の心を表すものとして、また人と人とを結ぶものとして、人の心のうちに育まれていないのである。だから、人との交わりをもっとも強く求めているはずの若者が、だれとも口をきかず、一日中一人で引きこもりもするし、電車の中で「ばばあ！死ね」などとわめき立てて問題になったりもするのである。また、人権侵害にもつながるさまざまないやがらせ（ハラスメント）も、現代社会の病とも言いたくなるほど多発するのである。まさに、ことばの危機、ことばの生活の危機である。

2　ことばの問題と国語科

ことばの教育にかかわる国語科は、それらの問題に無関心でいるわけにはいかない。なぜなら、国語教育は、そこに見られることばと心との剥離現象、あるいはことばの生活における感性（人間的情感）の劣化、そこに共通することばの無機的記号化の問題と、無縁ではないからだ。それどころか、現代のことばやことばの生活の危機に対して、国語科はまったく無責任でいるわけにはいかない。

誤解を恐れずに言わせてもらうなら、私は、今日の問題状況は、戦後の国語教育の重点が、情報伝達の道具としてのことばの記号的側面（道具的側面）に偏り、思考や想像（想像力による他者理解）、さらには自己認識・自己創造を支えることばの認識的側面あるいは文化的側面を軽く見てきたことと、わずかではあろうが、深いところで結びついているのではないかと考えている。だからこそ、国語科は、上記のような現状に対して、自らの責任を自覚するだけではなく、国語科に何ができるか、そしてこれからの国語教育はいかにあるべきかを考えなければならないのではないだろうか。

ところが、現実の国語科は、現代のことばやことばの生活の危機とはほとんど無縁なところで、テストや受験に対応できるような受験学力の育成に力点を置いているように思われる。「受験学力」というのは、学校教育に関しては言いすぎだと言われるかもしれない（それなら取り消してもいい）。しかし、現在の学校教育が、「確かな学力の保障」「基礎・基本の育成」を中心テーマとして動いているのは事実である。それは、学力テストの実施、それに向けての補習やドリル学習（ドリルタイム）の設定といったかたちで、全国的に広がっていっている。そのような動きは、ことば（ことばの生活）の危機とはまったく無縁な教育界の流行現象だ。ことば（ことばの生活）の危機の克服といった社会的な問題に、文科省主導の国語科は、教育内容の上では何のかかわりも持たないでいる。こんなに問題になっているのに、ことばの危機の問題は、学校教育においては、国語学力の問題とは、相交わることのない次元の違う問題であるかのようだ。果たしてそれでいいのだろうか。

結論的に言うなら、国語教育の内実を考えることは、ことばの危機を克服することにつながらなければならない。すなわち、ことばやことばの生活の問題への対応を視野に入れて、国語教育の内実は考えられなければならない。その時、初めて国語科は、人間として必要な本当の国語学力を教育内容として明確にすることができるのではないだろうか。

3　ことばの危機に関与する国語学力

国語科は、国語の基礎・基本の学力の育成に努めなければならない。それは、言うまでもないことだ。また、学力テストにしてもドリル学習にしても、それ自体は決して悪いものではない。それは、教育を効率よく進める上で、必要にして不可欠なものだと言っていいだろう。問題は、教育の成果が数値化されて評価される現代化の波の中で、それらが学力育成の手段として使われることにある。数値目標の達成といった枠組みの中で、学力テストの成績の向上が自己目的化し、そのために学習のセオリーを無視した、習得量主義のドリルに頼ることが問題なのだ。

ことばの危機の克服を志向するなら、ことばの習得の原点に返って、国語科の学力とは何かを考える必要があるのではないだろうか。基礎・基本の学力談義が、その時初めて、現代のことば問題と接点を持つのである。すなわち、ことばによる虐待（ハラスメント）を平気でやってしまうような子どもを育てないためにはどうしたらいいかという問いは、おのずとことばの教育の原点に目を向けさせる。そこでは、いろいろな対応策が考えられるであろうが、少なくとも、ことばは人の心の内に育まれるものでなければならないということだけは言えるようにに思える。

心の内に育まれる、あるいは心の内に育むとはどういうことか。それは、人がものの存在をことばでとらえ、ことばでものを考えることの中で、ことばが育まれるということである。ことばによる心の触れ合いや交わりに喜びを見出すことを通して、ことばへの愛着や人との交わりの心が育まれるということである。あるいはまた、人がことばと出会い、ことばのはたらきに気づいて、あるいはことばのはたらきに思いをめぐらせて、ことばとともに、心がひらかれていくということである。そのようなことば体験を通して身につくのが国語学力でなければならない。それは、要するに、かけがえのないことばとの出会いや、ことばを大切にすることを通して育つものなのである。

4　ドリルの前にすることはないか

教育におけることばの無機化とも言うべき、形式面に重点をおいて、反復練習によってその習熟・定着を図ろうとする学習の典型だと思われるものにドリル学習がある。しかし、ことばの学習のセオリーをふまえたドリルは、有効だし、また必要でもある。たとえば、漢字の習得を例にして考えると、字形や読みなど、言語としての形式面の知識・技能の定着・習熟を図るには、ドリルによる繰り返し練習が必要なことは言うまでもない。それなのに、ドリルに頼るのは何故いけないのか。それは、ことばとしての出会いがなくても、ドリルを使うと、機械的な暗記によって、言語としての形式面についての知識・技能の習得が可能になるからだ。しかし、そのようなことばとの出会いのない機械的な暗記には、大事な「学びの過程」が抜けているのである。それは、どういうことか。更に漢字の場合を例にして考えてみよう。

漢字をことばとして習得するためには、その土台として、それをことばとして認知することがなければならない。文章を読んでいるとき、漢字と出会い、それを意味のあることばとして認知することで、その漢字は主体にとって意味のあるものとなる。すなわち、人は、漢字を意味のあることばとして認知することで文章を読み、漢字をことばとして使うことでものやことを認識し、文章を書くのである。漢字をことばとして認知することが、漢字習得の基礎であり、それを通して、漢字は認識と表現とを媒介することばとなる。すなわち、漢字を言語として習得するためには、それをことばとして認知することがなければならない。ところが、漢字ドリルは、中にはかなり質のよいものも存在はするのだが、多くのものは、機械的暗記によって、漢字をことばとして認知する最も重要な学びの過程を欠落させることになるのである。

以上、ドリルの教育的効果を認めながら、それに頼ることが学びをスポイルする危険性があるという問題点を指摘したが、では私たちはどうしたらいいのだろうか。それは、ドリルに頼る前に、まずことばをことばとしてしっかりと認知させることである。漢字や語彙や文法などの言語要素、そしてすべての言語技法をとらえて、それをことばとして認知する力こそが、国語学力の基礎なのである。そして、それらの言語要素、言語技法に対して、その一つ一つをことばとしての認知することが、ことばを大事にする意識を育てるのである。一つの文字、一つの語を大事にするとは、それを意味のあることばとして受け止める（認知する）ということであり、それを自分の表現の中に的確に使おうとすることだ。そのような体験を通して、ことばは心の中に育まれるのであり、そのような体験があって初めてことばを大事にするようになるのである。そこに、ことばの危機を克服する一つのきっかけがあると言っていいだろう。

5　学びの力としての基礎学力

田近私見

> 言語活動を支える言語要素や言語技法などを、意味やはたらきのあることばとして認知する力が、国語科の基礎学力である。

国語科の基礎学力は、言語要素や言語技法などのことばの学びを成立させる力、つまりことばを習得する力でもある。そして、そのような学びの過程にはたらく力（＝言語習得力）は、言語の運用にはたらく力でもある。たとえば、一つの漢字をことばとして認知する力は、漢字をことばとして使う力でもあるということだ。

繰り返しになるが、約言すると、国語科の基礎学力とは、言語活動を成立せしめる言語要素・言語技法などを、ことばとして認知する力である。それは、言語習得過程にはたらくことばの学びの力でもある。学びの力としての言語認知力を国語科の基礎学力だとするなら、重要なことは、学びの過程をいかに充実させるかである。つまり、結果ではなく、過程を大事にすることである。

そのためには、読めばわかるような現代文においても、文章中のことば（キーワード）に目を向け、そのはたらきを考える、というような活動を充実させなければならない。そのような学びを成立させることが、ことば（ことばの生活）の危機の問題に対する即効薬にはならないだろうが、しかし、そのような問題に対するもっとも本格的な立ち向かい方なのではないだろうか。

6　認識的側面、文化的側面の教育

前に触れたことだが、私は、ことばの認識的側面、及び文化的側面の教育を充実させることが、ことばの今日的な問題を克服する上で重要であると考えている。しかし、それだけではない。ことばの認識的側面と文化的側面の教育は、これからの国語科を考える上でも、また、国語科の基本的な学力を考える上でも、重要な視点になるはずである。では、これからの国語科は、具体的には、その重点をどこに置いたらいいのだろうか。以下、紙数の許す範囲で、これからの国語科の重点的な学習内容をあげておこう（高校第1学年を想定してあげてみる）。

(1) 認識的側面の教育

①問題を発見し、追究して、認識を深める。

〈例〉・一つの問題に関して、複数の文献資料を用い、多角的に追究する。

・小説を読んで、それぞれで問題をとらえ、追究して、レポートにまとめる。

②異質なる他者を理解し、相互啓発的に受け止める。

〈例〉・一つの問題をめぐって、徹底的に討論するとともに、他者を受容する。

③自己認識を深め、文章に書く。

〈例〉・もの・ことや自分を見つめ、事実を客観的に書く。

(2) 文化的側面

①日本の古典への視野を広げるとともに、鑑賞を深める。

〈例〉・古典文学を鑑賞し、暗唱する。

②文学の読みを広げるとともに、鑑賞を深める。

〈例〉・明治・大正・昭和の文学や外国文学を読み、観点を決めて論評する。

③(作文・詩・朗読・劇などを通して)自分の思いを創造的に表現する。

④言語の問題をとらえて、考察し論評する。

〈例〉・日本語の問題を追究し、自分の見解をまとめる。

四、「創造」の国語教育学

——歴史をふまえて、明日を問う

1 「追究・創造の過程」としての母語の教育
――国語教育原論の構築

序　母語の教育としての国語教育

ことば（母語）の学びは、その結果よりも、その過程に意味がある。その過程とは、学び手が、人として生きる過程であり、人として自己の世界を形成していく過程である。人は、言葉を仲立ちとして外なる世界とかかわり、内なる世界を創出する。思想や感情などの内面の世界を生成し、人とかかわり、人と共に生きる世界を形成する。私は、母語による人間形成のことばの学びを、学び手一人ひとりの自己の世界創造の過程としてとらえなければならないと考えているのである。

特に、家庭生活の中で、日常語としての日本語を、大筋のところで習得する子どもにとって、学校教育において母語を学ぶという行為は、異質なる他者と交わり、人間関係を拡げるとともに、外なる他者とのかかわりを通してものの見方や考え方などの内なる意味世界を生成・創出していく、その自己の世界生成の過程的な行為として成立するのである。

そのきわめて主体的な過程的行為をスポイルして、母語の教育はない。母語の学びを、どのような過程的行為として成立させるか、あるいは組織するかが、国語教育の根本的な問題である。

本稿は、右のような問題意識のもと、私たちが一人の人間として生きていくことを支える母語の働きに視点を置き、その教育の基本的なあり方を「原論」としてここに記すものである。

1　言語の教育としての国語教育

(1)　思想伝達の道具としての言語

言語は、もの・ことを指示する記号であって、思想（意思）伝達の道具である（注1）。すなわち言語は、ある一つの言語共同体の中で、一定の記号内容（指示内容）を約束ごととして持っており、人はそれを使ってコミュニケーション活動を行う。そのために、人は、言語をコードとして正確に使用しなければならない。一つの言語共同体においては、まずは、言語のコードとしての正確な使用が求められているのである。

当然のことながら、そこでは、言語のもの・ことを指示する記号としてのはたらきを正確に身に付け、思想あるいは意思の伝達を正確に行えるようにしなければならない。具体的には、記号としての言語に関する知識・技術を習得し、それを使って行う、コード使用・コード解読の言語運用力（すなわち言語表現力及び言語理解力）の向上を図らなければならない。

思想伝達の道具としての言語及びその運用に関する知識・技術の教育という点では、国語教育（＝日本語を母語とする日本語教育）も、外国人のための日本語教育も、更には日本人のための英語教育など第二言国語の教育も、すべて基本的には同じである。そこでは、何よりも記号としての言語を使って意思の伝達を行うための、言語記号に関する正確な知識・技術及びその運用に関する能力の育成が求められる。

言うまでもなく、それらの言語による意思伝達の能力の習得は、人が社会生活を営んでいく上での必須の条件である。コミュニケーション活動を通して社会的人格を形成していく上でも、思想伝達の道具としての、言語の果たす役割はきわめて大きい。したがって、そのための言語記号に関する基礎的な知識・技術・及びそれらを運用する能力の育成に、言語の教育としての国語教育の第一の責務があることに、異論を差し挟む余地は全くない。

たとえば、日本語に関して、仮名文字や漢字の読み書きなど（文字の正しい使用）を初め、日本語の語彙や文法、さらには日本語独特の言い回し（レトリック）などの言語的な知識・技術が求められるのは、それらがなければ意思の伝達がなされず、社会生活が成立しないからである。だから、記号＝道具としての教育が必要なのであり、言語の教育としての国語教育は、思想伝達のための記号としての言語、及びその運用に関する基礎的な知識・技術を習得させることを第一の責務とするのである。

(2) 思想形成を支える言語

言語が思想伝達の道具であり、その運用に関する基礎を養うのが国語教育だとするなら、国語科は、ほかの言語教育と同様、道具教科である。だから、国語科は、まずは、言語を思想伝達の道具として使いこなす能力を身に付けさせなければならない。――と、以上のように言い切ったところで、改めて検討しなければならないことがある。それは、道具として使われる言語とは何かということである。

そこで、まず確認しておかなければならないのは、言語は、認識・思考を成立させる仲立ちとなるものだということである。つまり、思想伝達の道具としての言語は、思想を形成し、意思を成立せしめる道具でもあるのだ。伝達すべき思想あるいは意思というものがあって、それを如何に正確に伝えるかの問題の前に、伝達内容としての思想あるいは意思そのものを如何にして成立せしめるかの問題があるということである。そのためには、思想形成の過程をとらえて、そこに生きる言語のはたらきを言語活動の上に明確にしなければならない。

具体的には、話す前に、何を話すか、どう話すかを考えること、あるいは課題は何かを言語によって明確にすること、その課題についてどう考えるか、それはなぜかを明確にすること——など、すなわち、言語によって思想を形成する過程を明確にすることである。それは、学び手に取って、言語によって外なる世界をとらえ、そのことで自己の内なる世界を創り出す、きわめて文化的な行為である。言語はその過程にはたらくのである。したがって、その学びは、言語要素を注入訓練するのではなく、思想形成の過程的行為として成立せしめなければならない。

(3) 文化としての言語

次に考えておかなければならないのは、言語は、単なる道具なのか、いや、如何なる道具なのかという問題である。言うまでもなく、言語は使用者の感性や思想、価値観などと関係なしに、必要な情報を伝えるだけの符号ではない。言うならば、単なるデータ通信に用いられる情報交換用符号ではない。なぜなら言語は、ものの見方や感じ方、考え方など、民族のコモンセンスの上に形成されてきた伝統的な文化だからである。すなわち、言語はそれ自体、民族のコモンセンスをになうものであって、主体の感性や思想、価値観を形成していく上でも重要なはたらきを持つものである。したがって、言語は単なる情報を伝達するための道具ではなく、ものの見方や感じ方、考え方などをも記号内容とするものとして受けとめなければならない。

特に、母語を習得することは、伝統的な文化として、言語がになうものの見方や感じ方、考え方などをも受けとめていくことである。つまり、意思伝達の道具として言うと、言語は、民族のコモンセンスをも指示内容とするものなのである。日本語の語彙の場合だと、それを母語として習得することは、指示内容としての語義だけではなく、互換や語のになうものの見方、感じ方、考え方などをも受けとめていくことでなければならない。そのような文化としての受け止め方が、言語の使用を単なる「用足し」の次元にとどめず、心のこもったものにするのである。道具としての言語の教育は、それ自体、そのような文化の営みなのである（注２）。

2 「創造の過程」としての母語の教育

(1) 教育内容としての「創造の過程」

国語教育の第一の仕事は、以上のような、記号としての日本語、及びその運用に関する基礎的な知識・技術を習得させることにあるのだが、しかし、特に母語の教育としては、それにとどまるものではない。それはどういうことか。ひと言で言うなら、それは、もの・ことの指示を越えた、言語主体ともの・ことの関係における、言語の創造的なはたらきの問題である。思想（意思）の伝達ということで言うと、既定の意思を伝達するだけでなく、意思そのものを形成するのも言語なのである。すなわち、言語は、約束ごととしての記号の指示内容を伝達するだけでなく、主体の思想を形成し、さらに受け手を刺激し、その内部に新しい意味世界を創り出すものとしてもはたらくのである。母語の教育は、そのような言語のはたらきを重要な教育内容とするものである。

たとえば、人は、目の前に咲いている花を「ばら」とか「ひまわり」とか、それに与えられた名で呼ぶだけではなく、その美しさをどう表現しようかと考える。そして、表現することにより、主体にとってのもの・ことのあり方自体を、自らの内に明らかにしていく。繰り返しになるが、言語は、記号として既定の思想を伝達するだけでなく、主体の思想そのものを生成するはたらきをもつ。つまり、言語は、発信者においても受信者においても、主体の思想＝内面世界を生成するものとしてはたらく。そして、そのような言語の内なる世界生成のはたらきにかかわって、言語の運用能力をたがやしていくのが、母語の教育の重要な責務である。すなわち、母語の教育においては、言語による思想形成の「創造の過程」が重要な教育過程であり、また教育内容ともなるのである。

3 「創造の過程」としての言語行為―表現活動の場合

(1) 存在と経験

作文＝表現行為の場合を例に、もう少しこの問題について考察を深めていこう。

表現行為において、書き手＝表現主体は、もの・ことのほんとうの姿をとらえようとする。ところが、もの・ことのほんとうの姿というものは、外在的あるいは客観的にあるのではない。主体の外なるもの・ことは、それとの出会いの経験がない限り、主体にとっては存在しないも同然である。主体にとってそれが存在するのは、そこに出会いの経験が成立しているからだ。もの・ことは、出会いの経験の内実として、初めて主体の内に存在するのである。

私は、かつて、もの・ことの存在とかかわって、「経験」の問題について、次のように述べたことがある。

ものやこと、あるいはひとが、私（たち）の前に存在するのは、私（たち）がそれと、何らかのかかわりを持つからであり、かかわりを持つことによって、もの・こと・ひとは、私（たち）にとって一つの現実となる。言い換えると、現実は、主体の外側にありながら、主体のかかわり方の中で、ある意味を持って現われてくるのである。（略）

たった一輪の花でさえも、それを認め感動する人の前でこそ、ひそかにあるいははなやかに咲き、彼の一つの現実を形づくる。しかし、何のかかわりも持たない人にとって、それは存在せぬも同然だと思われる。もちろん、もの・こと・ひとに対するかかわり方はさまざまであるが、私は、それらすべてを「経験」と呼ぼうと思う。即ち、経験とは、一人ひとりがそれぞれの状況の中で、己の現実となんらかのかかわりを持って存在し、ある意識状況になることだと定義しておきたい。日本語においては、おそらくそれが「経験」という語のふつうの使い方ではないだろうか。（略）もの・こと・ひとは、それとかかわる主体の経験において一つの現実であり、主体は、現実との関係で一つの経験をなすということである（注３）。

私がここで言いたかったのは、約言すると、もの・ことが、主体にとってまぎれもない現実として存在するのは、主体がそれと何らかのかかわりを持つからであり、そのようなもの・こととのかかわりを経験とよぶなら、主体の外なるもの・ことは、そのような経験の内実として存在するということである。

表現行為において、表現主体は、経験の内実として我が内に現象したもの・ことの像を、言語によって、できるだけ的確に言い表そうとする。言語化することによって、そのもの・ことの像は、主体にとって、よりいっそう明確なものになっていく。すなわち、経験の内実としてのもの・ことは、言語を媒介として表現されることにより、主体の内に、一つの仮説としてではあるが、確かなものとして存在するのである。表現することで、人は、こうして他者としての外なるもの・ことを、自分のものとしていくのである。

(2)　「真実なるもの」の追究

主体の内に現象したもの・ことの像は、主体にとってはかけがえのない大切なものであっても、もしかしたら自分の主観に引きつけたものであるかも知れない。正確に言うと、主体にとって、それは、「自己化した他者」とでも言うべきものでしかないのかも知れないのである。なぜなら、もの・こととの出会いの経験自体、先入観や既成の価値観など、主観の枠組みの中に成立するものであり、もの・ことは、そのような経験の内実として主体の内に現象したものだからだ。

ものを言おうとするとき、それら主観の枠組みから脱け出すことは、表現者にとって、決して容易なことではない。主観を超えて「ほんとうのもの・こと」(真実なるもの)というものがあるとすると、それは、主体にとっては「未見の他者」、言うならば「永遠に追究すべき他者」あるいは「到達不可能な他者」として、主観の枠組みを超えて存在するものであるだろう。表現者は、そのことを前提として、もの・ことと向かい合い、先入観を入れ込まずに、もの・ことをしっかりと「見る」ことをしなければならない。だから、主体は、出会いの経験自体を、たとえそれが不可能なものであっても、先入観を越えたものにしようとするのである。

表現行為として言うと、表現者は、我が内に成立したもの・ことの像にことばを与えることで、自分のものの見方自体を意識化し、出会いの経験と現実のもの・こととの照応を明確にしつつ、もの・ことの「本当の姿」を仮構し、創造していくのである。つまり、表現するとは、主体にとって、自分の他者認識として、己れの経験に根ざしながら、それ自体を対象化し、己れの世界を創ることなのである。こうして表現者は、言語化による創造の過程を通して、己れの経験を問い直しつつ、遂には到達できないかも知れないもの・ことの「ほんとうの姿」すなわち「未見の他者」を追究し、己れの世界を仮構し、創造していくのである。そのことは、推敲を例にすると、なおわかりやすいだろう。すなわち、推敲とは、言語化によってたち現れてくるもの・ことの像に満足できなかったとき(つまり、自分の表現を対象化してとらえ直すことにより、そこに現れたもの・ことの像の曖昧さや、自分の経験とのずれなどに気付いたとき)、改めて表現と経験とを照応させるとともに、内なる像と現実のもの・こととを照応させ、表現を修正し、再構築していく行為である。表現者は、そのことで、自分が創り出したことばの仕組みが、経験の内実をとらえたものであるかどうかを問い直すとともに、その経験自体を自分のものの見方の問題として、現実のもの・ことの上に問い直し、自分にとって「一義の世界」を創り出していくのである。

主体の認知・認識の問題として言うと、表現のしかたを内なる像の上に問うことは、必然的に内なる像と現物との関係を問うことになる。表現の仕方を問うことで、自分の現物のとらえ方を問い直していくのである。表現者は、そのことで、ことばを手がかりにしながら、経験の内実を明らかにし、内なる像を鮮明にもし、また再構築もしていく。つまり、表現者は、ことばの仕組みを問い直すことで、自らのもの・ことの認知・認識を確かなものにしていくのである。

(3) 言語による「私の世界」の創造とその根拠

主体の外なるものに対して、出会いの経験の内実として主体の内に現象したもの・ことの像は、それにことばを与えることで形象として明確なものになる。そこで、問題は、もの・ことの像にどのようなことばを与えるかである。それによって、主体の内なる像自体が違ってくる。つまり、どのようなことばを与えるかによって、そこに生まれる主体の世界は違ってくるのである。

人は、どのようなことばを使って、どう表現するかに頭を悩ませる。彼が、内なる像にどのようなことばを与えるかを模索するのは、それによって自分の世界が変わってくるからである。ことばを模索することで、人は、未だ自分でも形象としては見えていない世界を求めていくのである。未だ見ざる「ほんとうの姿＝未見の他者」を求めるから、人は、内なる像にことばを与えながら、その像自体を可視化し、自分にとっての「一義の世界」の構築・再構築を求め続ける。それが、言語を媒介とした「私の世界」の創造としての表現行為である。

では、言語行為の根拠はどこにあるのか。すなわち、言語行為における、「私の世界」の創造は、何を根拠として行われるのか。「世界」とは、主体の思いや考えなど、主体の内なる世界であり、また他者とかかわり、人と共に生きる外なる世界である。表現者は、言語化によって「真実なるもの＝未見の他者」を求めて見えざる世界を模索し、仮構する。つまり、表現行為を通して世界を創るとは、主体にとっては「未見の他者」を求めて、未見のストーリーを生きることなのだ。

主体は、言葉を媒介として外界に対する内面の世界を構築し、時にはそれを壊し、作りかえつつ、「ほんとうの世界」を求め続ける。それは、主観の枠組みの中で自分が見ている現実の向こうに到達不可能とも言うべき「真実なるもの」の存在を想定するからだ。主体は、おのれの主観を超え、その見えざる真実の姿を見ようとする。それが、虚構の真実を想定しつつ、言語を仲立ちとして行う自己創造の表現行為である。(「真実なるもの」とは謂わば虚構の真実なのだが、その絶対なる真実を「神」と呼ぶなら、人は、その絶対なる神の存在を自ら措定し、その神との対話を通して、おのれの言語行為を問い直していくのである。)

(4) 「創造の過程」としての文学の読みの教育

読者によって読まれる前の作品(＝原作品)は、読者の前に、言語的資材である文章として存在する。読者は、その言語的資材としての文章(＝原作品)を構成することば(語や文、あるいはその連接)に意味を与えることで、筋道の通った文脈を形成する。すなわち、読む行為(＝読書行為)とは、言語的資材として存在する文章(＝原作品)のことばに意味を与えることで、読者の内に文脈を創出することだ。主体の外なる文章(＝原作品)は、読む行為を通して、読者の内に文脈として現象するのである。

読者の内に現象した文脈を本文と呼ぶなら、言語的資材として存在した原作品は、読むことで初めて、読者にとって意味のある本文として存在することになる。すなわち、原作品は、読書行為を通して、初めて読者の内に本文として現象し、読者に何らかの反応を引き起こすのである。

ところで、読者は、本文が成立した時点で、さらに、その本文が、何を意味しているかを問うと同時に、本文の文脈が、原作品のことばを、どのようなことばの仕組みとしてとらえたものであるかを問い返していく。本文の意味を、原作品のことばのとらえ方の上に問うていくのである。

読者の内なる本文の意味を問うとは、読者がとらえたことばの仕組みに、自ら意味を与え、わが内に意味世界を創出していくことである。読者としてことばの仕組みにはたらきかけ、「私の一義」としての意味を生成・形成していくのである。

そのような意味生成行為としての本文の意味への問いは、原作品のことばを、どのような仕組みとしてとらえるかの問いと共にある。どのようなことばの仕組みであるかを問うことなしに、本文の意味を問うことはできない。すなわち、本文の意味は、原作品のことばをどうとらえるか、どのようなことばの仕組みとしてとらえるかによって左右される。

読者の内なる本文の意味は、原作品を構成する言語的資材としてのことばに、何らかのことばの仕組みを見出すところに生まれる。つまり、読者の内なる本文の意味の根拠は、読者のことばの仕組みのとらえ方の上にある。その読者なりに、原作品の上に、ことばの仕組みをどう見出すかが、読者における意味生成の基礎である。ことばの仕組みをどう捉えるか、そこにどのような意味を見出すか、そこに文学のテキストと向かい合う読者としての責任があると言えよう。

ことばの仕組みとは、言語的資材としての文章＝原作品を成り立たせていることばの相互に関係し合うすがた

〈関係様相〉として、読者によって見出されるものである。したがって、原作品を構成することばをどう関係づけるか、どのような関係様相としてとらえるかは、〈読み〉の問題である。

では、そのようなことばの仕組みとは、物語体の文章の場合、どのような言語的事実として見出されるのだろうか。それを〈読み〉の観点としてあげておこう。

ア　原作品を構成する語や文、あるいはその連接の事実を、どう関係づけるか。

たとえば、会話文や描写の文などを、どう関係づけてとらえるかなど。

イ　原作品の言語的展開や全体構成の事実をどうとらえるか。

a　冒頭と、その展開との関係をどうとらえるか。（時枝誠記の文章論）

b　物語の構造（プロット）をどうとらえるか。

ウ　物語内容と語りとの関係、さらに作者との関係をどうとらえるか。

文学の〈読み〉は、原作品の上に、どのようなことばの仕組みを見出し、それにどのような意味を与えるかというところに成立する。それが個性的な意味生成の読書行為である。その時、読者は、初めて読書行為の主体として存在するのである。

(5)　主観性の克服

ここまで、指示内容としてのもの・ことが、目に見える現物として存在する場合のことを想定して述べてきた。しかし、それは、直接的な指示物がない場合でも、同様である。

たとえば、過去の思い出や喜怒哀楽の心の動き、さらには心に思うことや考えること（思索の内容）などを表現する場合、それらは、表現者の内なる世界としてしか存在しない。表現は、そのうちなる想念や思想あるいは感情にことばを与えることで成立するのだが、その表現内容の根拠となるもの・ことは、目に見える現物としては存在しない。従って、表現が、主体の内なる世界に基づくものである以上、そこに成立する作品は、表現者の主観の枠組みの中にある。そうだとすると、どのように表現しようと、それらは主観をなぞるだけのことであって、そこに、新しい自己創造の契機はないということになる。どうしたら、そのような表現の主観性を克服することができるのだろうか。

創造の過程としての言語行為においては、表現だけではなく、理解の過程においても、行為の主観性をどう克服するかが、言語主体にとって特に重要な課題となるのである。では、表現（言語行為）の主観性を克服するにはどうしたらよいか。主観性の克服の問題は、そこに成立する「私の世界」の根拠をどこに求めるかの問題でもある。

上記したように、言語化により形となって成立した作品＝「私の世界」は、主体の内なる世界に基づくものであり、従って、その根拠は、そこでの像あるいは想に求めるのが当然なのだが、それが主観の枠の中にあるとすると、それをどう克服したらよいのだろうか。認知・認識の対象たるもの・ことの現物が目の前に存在する場合は、前にも述べたように、それと像あるいは想との関係を問うのだが、過去の出来事やそれについての思索の内容を書く場合など、根拠となる現物が目の前にない場合はどうだろうか。しかし、その場合でも、内なる像あるいは想は、何らかの経験の内実として成立したものである。たとえそれが意識されないとしても、主体の内なる世界が、それまでの経験と無縁であるというようなことはあり得ない。あらゆる内なる像あるいは想は、主体のそれまでの経験の上に生成したものである。とするならば、表現の主観性を克服するためには、まず自分の視点をも対象化し、像や想の元となった経験とはどのようなものであったかを問い直していかなければならない。

像や想のもととなった経験の問題は、すべて、現実の事物をどう受けとめたかの問題、すなわち、現物に対してどう意味づけしたかの問題である。主体の経験は、その意味づけとともにある。単なる物体・事象に過ぎないもの・ことに何らかの意味づけをするから、それは主体にとって価値ある経験の内実となり、主体の内に残像として残って、内なる世界を形づくっているのである。

従って、表現行為においては、像あるいは想にことばを与えながら、そのもととなった出会いの経験を問い直し、確認していかなければならない。すなわち、もとになる経験としてどのようなものがあったかを明確にし、それを対象化してとらえ直したり、自分の意味づけを多角的に問い直したりしていくのである。

創造の過程としての言語行為においては、そのような意識的な主観性の克服が、特に重要な課題である。なぜなら、表現の根拠を自らの経験の上に問い直し、主観性を克服していこうとするところに、自己の先入観の枠組みを超えた、文化的主体としての自己創造の契機があるからだ。

母語の学習は、前にも述べたように、言語で外なる世界とかかわり、内なる世界を形成する過程的行為として成立する。その基本は、ひと言で言うなら、言語による自己創造の過程を学習活動とするところにある。とするならば、言語行為における主観性の克服は、言語による創造の過程の問題として、母語の教育が取り組むべき、最も重要な作業である。そして、それは、日常の言語生活を確かなものにもするのである。

4 まとめ

表現者は、自己の内面の像あるいは想にことばを与え、一つの形（作品）を創り出していくが、そのことで、内なる像あるいは想自体、鮮明なものにもなっていくし、加工され、変容・変形されてもいく。内なる像あるいは想は、言語化されることで、初めて明確な形象として存在するのである。表現者が、ことばを選び、「私の一義」としての作品を生み出そうとするのは、我が内なる像あるいは想に形を与え、そのことで「私の世界」を創り出そうとするからである。そのとき、そこに成立する作品の根拠は、表現者の内なる像あるいは想にある。表現者は、内なる像あるいは想にことばを与えることで、その像あるいは想自体を自らの経験の上に問い直し、自己を相対化し、主観性を克服していく。そこに、主体にとっての自己創造、意味世界創造としての表現行為の意味がある。

以上、表現行為の場合を例として取り上げ、言語の世界創造のはたらきについて検討してきた。すなわち、言語は意思伝達の道具だとしても、それは、主体にとって自らの世界を生成し創造するはたらきを持つものである。したがって、表現活動は、表現者にとって、言語によって自分の世界を生成する世界創造の過程として成立する。表現の対象としての現物が目の前にある場合でも、ない場合でも、表現するということは、経験を通して自らの内に成立したもの・ことの像あるいは想にことばを与え、自らの経験自体をも問い直しつつ、一つの意味世界を創り出していく、きわめて文化的な世界創造の過程的行為なのである。

そこに見られる、言語による主体の世界創造・自己創造のはたらきは、表現活動にとどまるものではない。それは、読むことの理解活動においても、その本質的なあり方としてみとめられるものである。と言うより、理解活動の本質は、表現活動と同様、言語による意味世界創造の文化性にあると言うべきであろう。つまり、理解活動は、言語受容による主体の意味世界創造・自己創造の過程として成立するのである。そのことを文学の読みの場合を例に考察していきたいのだが、それは次の機会にゆずることとする。

【注】

（1）言語を道具とみること（言語道具説）については、戦前から様々に論じられ、批判されてもきた。しかし、時に、国民科国語の教師用書が「言語を単に思想伝達の道具とする考え方は、極めて通俗的な言語観である」とし、「われわれは言語を通して思考し、観想して思想を構成するのである。思想と言語とが紙の表裏の如く一体不可分であるという理はここに存する。」として時代を指導した言語思想一体観には共感させられる者も多いだろう。しかし、表現・理解を成り立たせる言語それ自体は記号である。したがって、文字、語彙、文法などの言語は、認識・思考・伝達の言語行為を成り立たせる上でなくてはならない道具だと考えるのが理にかなっていよう。

（2）文化としての言語の問題については、拙稿「言語と文化」（拙著『言語行動主体の形成』（新光閣、一九　七五・一〇）を参照していただきたい。そこで、私は、「言語そのものが文化だとするならば、言語の習得は　文化の習得だということを忘れてはなるまい」として、文化としての言語とはどのようなものかということについて考察している。

（3）拙稿「国語教育における経験の問題」（日本国語教育学会『国語教育誌』一九七六・三）

補説

本稿提出の間際に送付された日本国語教育学会『月刊国語教育研究』№４６７（２０１１・３）の巻頭言で、佐藤学氏が、今日における「○○力」という言葉が教育界に浸透している実情をふまえて、次のような提言をしている。

今回の学習指導要領の改訂によって「PISA 型学力」として「知識の活用能力」がうたわれ、それらの教育課程政策の結果が「国語力」という言葉の広がりの背景にあることはまちがいない。その根底には、人の活動を文化や社会と切断し、心理学主義的に「スキル」や「能力」に読み換える新自由主義のイデオロギーがある。学びの活動を「スキル」や「能力」に置き換えて遂行することによって、学びの経験は、その固有性を失い、競争と査定の対象へと組み込まれてゆく。しかし、言語活動は『スキル』や『能力』の履行であるよりもむしろ、一つの『文化的経験』であり、『社会的出来事』である。だからこそ文学の言葉が成立する。

これは、今日の教育状況に対する極めて的確な問題提起である。私も、ことばは違うが、今日の教育界の問題は、すべてが査定対象の「学力」に収斂し、「文化的経験」としての学びが失われていることにあると考えている。国語教育の場合、学びの経験の固有性とは、学び手における文化的行為としての言語活動の創造性にあるのだ。それを見失って「やせた国語科」にしてはならない。

2 言語生活主義教育の再構築

グローバリゼーションと国語教育のアイデンティティー

はじめに

時代の教育課題として、「国際化への対応」が多様な形の「国際理解教育」として展開したのは、一九八〇年代のことであったが、その後、グローバリゼーションの観点が持ち込まれ、二一世紀にはいると、国語教育においても「教育のグローバル化」への対応が検討の対象となった。また、それと同時に、現代人の日本語に関する基礎素養の貧困さを憂えるところから、ジャーナリズムをも巻き込む形で、日本語能力や漢字能力の検定、あるいは東京・世田谷区の「美しい日本語」に象徴されるような復古的で、時にはトリビアルな傾向の日本語ブームが起こり、教育界においても、教育内容として日本語に関する素養が広く求められるようになってきた。

本稿では、その三〇年余の時代の動きの中で、私自身がそれにどう対応してきたかを、これまで発表したもの（以下の三点）の上に確かめながら、国語教育の本質は何か、そのアイデンティティーはどこに見出されるべきかについて考えてみたい。

1、「国際理解教育の歴史・現状・課題」

（倉澤栄吉編『国語における国際理解教育』（エム・ティ出版、一九九四・六）

2、「グローバリゼーションと国語教育」

（日本言語政策学会シンポジウム、二〇〇四・七・三）

なお、言語政策学会では、秋季大会のシンポジウムにも招かれ、夏に続いて、「グローバリゼーションと国語教育のアイデンティティー」の題で発言した（二〇〇四年一一月二一日）。

3、「ことばの危機の克服と国語学力の育成」（『月刊国語教育』東京法令、二〇〇四・三）。

なお、その後、日本国語教育学会主催のいくつかの研究集会で、本稿末尾に記したような「言語生活主義教育の再構築」の提言を重ねている。

1　国際理解教育の中での国語教育

昭和に入ってからの国語科は、決して十分ではないながらも、国際理解を視野に入れて、異文化体験や国際的視野を持つ文章を教材としてきた。しかし、言うまでもないが、国際理解教育は、外国の文化や外国人の価値意識への視野を広げ、受容の能力を広げることではあっても、決して文化や価値意識を無国籍化していくような「外国理解教育」であってはならない。私は、そのように考え、前掲資料（1）で、次のように述べた。

【資料　1】

今日求められるべきは、それぞれの民族の文化的アイデンティティーを確立するとともに、相互にそれを認めあい、連帯・共存の可能性をさぐることのできる人間を育てることである。すなわち、国際化時代の教育は、異文化理解教育であり、日本人としての文化主体形成の教育である。そしてそれは、自己と他者との出会い（他者理解）を通して、自己を形成し、さらに、異質性を前提としつつも、相互の人間関係を広げていく――そのような能力を育てるという点で、国語教育の本質的な在り方につながるものだと言えよう。

しかも、今日では、「国語」の時間に日本語を学習するのは、日本人の子どもだけではなくなってきている。国語教育は、日本語教育としての性格を明確にすべき時代を迎えているのである。すなわち、新しい時代の国語教育は、日本語・日本文化への確かな理解を養いつつ、異文化への受容の幅を広げ、価値観の多元化する中で、言語によって自己を表現し、対話（共同思考）の場を形成する言語能力を養うものでなければならないのである。

国際化時代の教育、あるいは、国際理解教育は、外国理解教育ではない。外国の言語・文化や諸事情への理解を広げることだけが国際化時代の教育ではない。その本質は、多元的文化の相互理解の教育であり、その柱は、次の三つである。

（ア）自己のアイデンティティーの確立としての母国語教育（日本語・日本文化の教育）
（イ）自分とは違う異質なる他者を受け入れ、自己をとらえ直す他者理解の教育
（ウ）価値観の違うものとの間に共通理解を生み出すコミュニケーション能力の教育

（前掲「国際理解教育の歴史・現状・課題」）

これは、当時の、外国の言語・文化や諸事情の理解に傾きがちであった外国理解教育への危機感からの発言であった。私は、当時、一つの流行現象のようになっていた国際理解教育に、ある種の危うさを感じていた。だから、国際理解を視野に入れた国語教育に、異質性受容による自己形成といった意味づけをしたのである。

2　グロバリゼーションと国語教育のアイデンティティー

二〇〇四年度の言語政策学会は、夏と秋の二回の大会で、「グローバリゼーションと国語教育」のテーマでシ

ンポジウムを開催した。私は、その二回のシンポジウムで発言を求められたが、以下に引用するのは、夏の大会のためのレジュメの原稿の主要部分である。

［資料２］

(1) 視点としてのグローバリゼーション

現在、世界のグローバル化の動向は、あらゆる領域において、西欧中心に進められてきている。特にわが国の場合、政治・経済のみならず文化や教育までもが、アメリカ中心主義ともいうべきグローバリズムの枠組みから、既にその自由を失っているように思われる。

「インターナショナル」が国家間の協調に視点を置くものであるのに対して、「グローバリゼーション」は、国家間の壁を取り去り、人類の共生・共存を地球規模で考えようとするものである。それは、政治経済のみならず、すべての分野において、地球を多民族・多言語・多文化の共生世界としてとらえ、その視点から、弱小なるものの独自性、そのかけがえのない価値を保障しようとするものでなければならない。それは、経済的に強大なるものを基準としてものを見ることの対極にある立場である。端的に言うなら、それは、マイノリティーに内在する固有の文化に、他と代え難い価値を見出そうとする立場であって、マイノリティーへのまなざしを共生の基盤とするものだと言ってもいいだろう。

現実には、西欧中心のグローバリズムの波の中にあって、共生世界を求めるグローバリゼーションの理念を見失ってはならない。多言語・多文化・多民族の地球上での共生・共栄の実現を求めるこれからの時代において、グローバルな視野が必要なことは言うまでもない。国家や国際組織などに関するインターナショナルな視点だけではなく、地球上のすべての文化や伝統を継承していくこと、すべての人の人間としての尊厳を大事にしていくこと……など、国家の枠を越えた視点から見ていく必要がある。私達は、マイノリティーを切り捨てることなく、またあらゆる異質性を排除することなく、すべての民族、すべての文化の共生を柱とするグローバリゼーションをこそ実現しなければならないのである。

(2) グロバリーゼーションと母語の教育

その視点に立つ時、国語教育は、今改めてその母語の教育としての意義とそのあり方とが問われなければならない。特にわが国の場合は、アメリカ中心のグローバリズムの動きの中にあって、ややもすると価値基準がアメリカ寄りに移動しがちになる。しかし、だからこそ、国語教育は、安易にそれに迎合してはならないのである。まずは、母語としての「国語」の教育の充実を期さなければならない。それは、どういうことか。

それは、国民国家を維持する言語（国家語）の教育としてではなく、私達のアイデンティティーを支える母語の教育として、すなわちかけがえのない個人の自立と共生の営みを推し進めるものとして取り組まなければならないということである。そのためには、改めて今日における言葉の生活の実情をふり返り、グローバルな立場から、母語としての「国語」の教育は如何にあるべきかを考えなければならない。

グローバルな立場とは、前記したように、多言語・多文化の共生世界における個のアイデンティティーの拡充を目指す立場である。まず個のアイデンティティーを保障する上で、他に代え難い言語としての母語の価値に目を向けていく立場である。母語の価値とは、それを母語とする者のものの見方、人とのかかわり方を形成するはたらきにある。

⑶　言語生活の改善を求める運動の虚と実（略）

⑷　ことばの危機とその克服

（略）国語教育のアイデンティティーは、母語で自己を表現するとともに他者を理解し、更に人間関係をつくっていく言語主体を形成することにあるが、特にグローバリゼーションを視野に入れるなら、これからの国語教育は、異質なる他者を受容し相互に啓発し合うインターアクティブな人間関係能力を育成することに、その根拠が見出されなければならない。特に母語及びその文化に関する素養は、価値観が多様化する多元的文化の時代を生きる主体にとって、異質なる他者との相互啓発的な関係を生み出す基盤なのである。ところが今、その母語に関する素養が危機に瀕している。異質な他者とのかかわりを生み出す文化としての母語がくずれてきているのである。「うざい」「きもい」などの現代風隠語、「〜的には」「〜とか」など、明確な判断を避ける曖昧表現、「うるせえ」「かんけえねえだろう」など、関係を拒否する拒絶表現、その他、いじめ言葉や差別表現など、いずれも人とのかかわりを生み出す文化としての母語のくずれを示すものである。これらの言葉問題は、他者とのかかわりを忌避する現代の若者の人間関係能力の衰弱あるいは共生意識の荒廃を示すものだが、グローバリズムの中で、これら自己中心的意識の反映としての現代の言葉問題は、言語政策及び国語教育の視点から早急に取り組むべき課題ではないだろうか。

⑸　他者受容能力と自己認識能力

多言語・多文化社会は、多様な価値観・世界観の共存する世界である。そこに生きるためには、言語活動の上に、互いの異質性を認め合い、受け入れ合う共生能力が求められる。言葉の上だけの表面的なコミュニケーション能力ではなく、他者の存在を認め、相互に提案し合い、厳しく検証し、修正し合う能力、つまり言語的なイン

ターラクション能力が、国語学力として位置付けられなければならない。(略)

インターラクティブな他者受容は、他者の言うことを理解し、自己を表現するところに成り立つのだが、しかし、それだけでは異質な者を受け入れ自己を相対化することはできない。そこで、大事なのは、自分自身の行動(経験)を対象化し、自己中心的にならずに、それを事実としてできるだけ客観的に認識する能力である。言語には、主体の行動を自己対象化して客観的にとらえるはたらきがある。わが国の生活綴り方においては、そのような自己認識あるいは事実の客観的認識に重点を置いた指導がなされてきたのだが、情報作文全盛の今は、そのような自己対象化は作文学習の上では影の薄いものになってしまった。そのことも、今日の子どものきわめて主観性の強い自己中心的な言動にあらわれているのではないだろうか。改めて求められるべきは、情報も自己の行動も、自分に引きつけずに、対象化してとらえ直すとともに、それを自分の生活に生かしていく力なのである。

(前掲「グロバーリゼーションと国語教育」)

以上の発言の主旨は、現在でも実質的な面においては揺らいではいないのだが、しかし、今ふり返ってみると、グローバリズムへの批判的な立場を明確にしえていないという恨みがあるのも確かである。母語の教育や民族文化の継承の視点のないグローバリズムは、教育の無国籍化を図るものとして批判されなければならない。改めて問うてみよう。

グローバリゼーションのもととは言え、そこで必要な言語能力は、果たしてIT産業などにおける機械言語化された情報を処理する能力なのだろうか。アメリカナイズされた多国籍企業で働く近未来の青年たちには、国の縛りはなく、それ故、彼らに求められるのは、無国籍の市場で記号としての言語を操る能力なのだろうか。グローバリズムの行き着くところ、求められるのは、そのような機能本位の無機質な言語能力なのだろうか。

そんなことはあるはずがないだろう。人間が人間として生きていく上でのパーソナル・コミュニケーションのない生活などは考えられない。グローバリゼーションは、避けられない時代の流れだとしても、そこに生きる「地球人・地球市民」は、あくまで人間だということを忘れてはならないだろう。国語教育は、母語の教育として、そこに立脚点を置かなければならない。そのことを改めて確認しておきたい。

3 言語生活主義教育の再構築

(1) 国語教育の基軸としての言語生活

国際化時代への対応として国語教育に求められたのは、次の二つの立場である。すなわち、一つは、多言語・多文化との交流の視点から、情報の伝達に重点を置いた正確な日本語能力の習得を志向する立場であり、もう一つは、異文化受容の立脚点として、日本民族の独自性の確立を目指し、日本民族固有の伝統的な日本語・日本文化の継承を志向する立場である。前者は、日本語の適切・有効な社会的・機能的な使用能力の習熟に重点を置くことになるのに対し、後者は、日本的な表現に関する知識の習得と伝統的な言語文化に関する基礎素養の涵養に重点を置くことになろう。国際化時代への国語教育のあり方を考えると、私自身もそうであったが、一つには多言語・多文化への適応を、もう一つには異言語・異文化に紛れぬ独自性の確立とを求めるのは当然のことである。もちろんそれも大事なことだし、これからもなおいっそう本格的に取り組んでいくべきことである。しかし、国際化の時代だからといって、母語の教育のアイデンティティーを、それへの即応に求め、国語教育のあり方をそれで規定しようとするのはいささか安易だと言うべきであろう。すなわち、グローバル化の流れに生きる機能的言語技能とそれを支える基本的な日本語能力の養成を一方の極に置き、もう一方の極に、多言語・多文化に埋没しないための伝統的な言語素養の養成を置いて、二極の間で国語教育の有り様を見極めていこうとするのは、その常識的な現実対応の姿勢自体、現実から遊離して観念的だと言わざるを得ない。

では、国語教育の基軸は、どこに置くべきだろうか。わたくしは、改めて、国語教育の基軸を、母語を学ぶ児童・生徒の人間としてのあるべき言語生活を指標として描きつつ、そこに向かって、現実の課題と取り組み、日常の言語生活を切りひらき、言語文化を生み出していく能力の育成に置くべきだと考えている。

言語生活を切りひらくというのは、言語を道具として日常の用足しをしていくだけのことではない。「生活」とは、人間として生きるということであり、「言語生活」とは、単に「日常の暮らし」のレベルにとどまるものではなく、言語を仲立ちとして生きていくということ、さらに、言語とかかわり、言語を追究することで人間として生きることの可能性を切りひらいていくということである。言うならば、言語とかかわることで人間が人間になる、その意味で「言語生活」は、まさに人間的な営みなのである。

そのような言語生活を切りひらいていくには、まず今日における子どもの言語生活の現実態からその方向を見極めていかなければならない。教育実践は学び手としての子どもの現実態を見つめるところを出発点としなければならない。私は、国語科は、今日における子どもの言語生活の実態をとらえ、それに積極的なかかわりを持つべきだと考えている。

[資料3]

日本語の本の出版が相次ぐ日本語ブームの中で、若者ことばの乱れや荒れがひどくなっている。また、メールや携帯電話などのコミュニケーション機器が普及する一方では、人との正常な交わりができず、ディスコミュニケーションの状態で、すぐにキレたり、引きこもりになったりする子どもが増えている。（略）ことばによるいじめや差別・ジェンダーの問題なども、あげていくと枚挙にいとまがない。（略）ことばやことばの生活の視点から見ると、その根底には、現代人の言語に対する不誠実な態度が横たわっていることが見えてくる。ことばが、相手のことを思いやる心のはたらきの中で使われていないのだ。常識的な言い方だが、ことばが、人の心を表すものとして、また人と人とを結ぶものとして、人の心のうちに育まれていないのである。だから、人との交わりをもっとも強く求めているはずの若者が、だれとも口をきかず、一日中一人で引きこもりもするし、電車の中で「ばばあ！死ね」などとわめき立てて問題になったりもするのである。また、人権侵害にもつながるさまざまないやがらせ（ハラスメント）も、現代社会の病とも言いたくなるほど多発するのである。まさに、ことばの危機、ことばの生活の危機である。

ことばの教育にかかわる国語科は、それらの問題に無関心でいるわけにはいかない。なぜなら、国語教育は、そこに見られることばと心との剥離現象、あるいはことばの生活における感性（人間的情感）の劣化、そこに共通することばの無機的記号化の問題と、無縁ではないからだ。それどころか、現代のことばやことばの生活の危機に対して、国語科はまったく無責任でいるわけにはいかない。（前掲「ことばの危機の克服と国語学力の育成」）

国語科は、上記のような現状に対して、自らの責任を自覚するだけではなく、これからの国語教育はいかにあるべきかを考えなければならないのではないだろうか。ところが、現実の国語科は、現代のことばやことばの生活の危機とはほとんど無縁なところで、テストや受験に対応できるような受験学力の育成に力点を置いているように思われる。結論的に言うなら、国語教育の内実を考えることは、ことばの危機を克服することにつながらなければならない。すなわち、ことばやことばの生活の問題への対応を視野に入れて、国語教育の内実は考えられなければならない。その時、初めて国語科は、人間として必要な本当の国語学力を教育内容として明確にすることができるのではないだろうか。

(2) 言語生活者としての子ども

学び手である子どもは、就学以前にある程度の日本語力を身につけている。ところが、彼らの言語生活は、決して豊かだとは言えない。「日常の用足し言語」のスキルは十分で、上手におしゃべりをしたり、自分の要求を主張したりすることはできるが、人の話に耳を傾け、人と相互に話し合い、自分をしっかりととらえ直すことはできないというような子どもが目につくのが現状である。さらに言うなら、複数テキストを比較して批判したり、必要な情報を取り出して課題解決に生かしたりといった、情報活用者としての主体的行為力は未成熟なままである。彼らは自立した言語生活者になりえていないのである。

前述したことばの危機も、そのことと無縁ではないだろう。「ジコチュウ」のことばが示すように、自己中心的になっている彼らに決定的に欠けているのは、自分以外の人の立場に対する想像力であり、異質な他者との交わり、それを受け入れる他者受容力である。双方向のコミュニケーションを、比喩的に「ことばのキャッチボール」と言うが、ディベートも含め、あたかもゲームのようにことばのやりとりを演ずることはできても、友だちのことばも親や教師のことばも受け入れることのできない子どもが増えているのである。それは、他者を受け入れ、自己をふり返って、相互のかかわりを深めていくような、インターラクティブな(相互作用・相互啓発的な)人間関係能力の欠如がもたらしたものだと思われる。日本語の乱れの問題、と言うより、ことばの荒れ、あるいは歪みの問題も、その根底にあるのは他者受容能力の欠如の問題であって、それは、今日の言語生活のあり方にもつながる問題だと言っていいだろう。すなわち、インターネットや携帯電話などで絶えず言語操作の当事者になりながら、現実には、ほとんど本を読まない「不読者」の増加や、文学の読みのステロタイプ化、作文嫌い、特に書くことで自分を見つめることの回避など、子どもの多くが、言語疎外とでもいうべき状況に陥っているのである。日常生活に不便を感じないほどには日本語を上手に使いこなすことはできても、意識を集中して人の話を聞いたり、他者とのかかわりをつくり出しつつ、そこで自分も生きる（可能性をひらいていく）という点で、また、それぞれが認識・思考を深めつつ、現実の課題を解決していくという点では、十分な力を身につけていないのが実情である。そのような子どもが、ことばを仲立ちとしてものを考えたり、課題を追究したり、自己を表現したりする、言語生活者としての確かな力をつけてやるのが国語科の責任である。

(3) 言語生活主義の国語教育

わが国において、言語生活主義の国語教育を提唱したのは、言うまでもなく西尾実である。私は、基本的には、『国語教育学の構想』を初めとする西尾学説を継承しつつも、さらに、波多野完治や滑川道夫らによる雑誌『生活学校』を貫く「生活教育」の思想（注1）、さらには国分一太郎の生活綴り方をはじめ国語教育の全体を貫く思想（注2）からも、今日の教育を問い直す上で、多くを学ばなければならないと考えている。すなわち、「生活学校」も生活綴り方も、子どもを自らの現実を生きる生活者としてとらえ、その現実の問題の解決にかかわるところに、教育のあるべき姿を見出している、あるいは、子どもの生活現実とのかかわりを深めるところに教育の可能性を見出しているのである。

戦後の教育は、一九五〇年代後半（昭和三〇年代）になると、習得させるべき学力が先にあって、それを如何にして確実に身につけさせるべきかが問題とされてきた。基本的には、基礎・基本の学力保障を柱とする能力主義の教育が推し進められてきたのである。そこでは、現実に生きる生活者としての問題は、教育の枠組みの中には位置づけられてこなかった。もちろん、学習者としての子どもの生活問題が取り上げられることはあったが、それは学習を有効に進めていくための前提、もしくは配慮すべき事項の一つとしてであって、総合学習や生活主義学習などのいくつかの例外を除いては、生活者としての学習者の側から、その生活課題の解決自体を教育内容とすることはなかったと言っていいだろう。すなわち、学習者の生活現実とのかかわりを深め、人間として生きていく上での課題を追究することが教育の基軸に据えられることは、ほとんどなかったのである。

しかし、少なくとも言語は、それを運用すること自体、生活的な行為である。母語の教育は、学力を、習得すべき言語あるいは言語能力の側から考えるだけではなく、言語による生活行為自体を、学習内容の基軸とするとともに、学習活動として組織することを考えるべきではないだろうか。繰り返すが、「生活」とは、人が人として生きる営みである。日々の暮らしはもとより、人とかかわること、ものを考えること、話すこと、書くこと、本を読むこと、問題を追究すること……そのようにして、人が人として生きる時、その営みを「生活」という。国語教育のあり方として、その生活を「拓く」ということが重視されるが、それは、ことばを学ぶことで、人としての営みを充実させ、よりいっそう豊かなもの、人間的なものにしていくということである。そのような生活現実を拓く力（それを生活言語とよんでおく）を育てるのが国語科である。そして、言うまでもないことだが、教育自体、人として生きる営みを豊かなものにしていくもの、つまり、人間の生活を拓くものであり、生活を拓く力を育むものなのである。

教育思想としての生活主義は、学習者が生活現実の問題をとらえ、それを解決していく力、すなわち、人間として生活を拓く力を育むことを基軸として教育を進めようとするものである。教育実践の視点から言い換えると、学びを子どもにとって人間らしく生きる営みとして成立させること、そのことで生活を拓く力の向上・充実を図ろうとするものである。

今、生活を拓くとは人間として生きる営みを充実させ、豊かなものにすることだと言ったが、それはまさに学びの行為である。特に、「生活」を重視する（すなわち、生活主義における）学びの行為は、それ自体、外的な状況や他者とかかわり、課題を発見・追究・解決して、自己の存在を確かなものにしていく営みである。教育は、その過程において、一人ひとりの子どもが、それぞれの人間として生きる営みを充実させるものでなければならない。それは、生活現実に生きる子どもにとって、どのような力なのか。また、そのような学びの行為を子ども自身のものとして成立させるにはどのようにしたらよいのか。そこに生活主義教育の実践的な課題がある。

おわりに　言語生活主義の視点からの国語学力

これからの時代、グローバリゼーションは、経済界のみならず、生活・文化の分野への影響をもますます強めていき、情報産業（あるいはＩＴ産業）を中心に、多言語・多文化が「地球市民」の無国籍化を進めていくであろう。そのような時代にあって、国語科は、母語の教育として、深く生活の現実にくい込み、さらにそれを拓いていく営みとして、つまりは生活現実を拓く力を育む母語の教育として再構築していかなければならない。では、生活現実を拓く母語の力として重要なのはどのような力なのだろうか。すなわち、どのような生活言語の力を、国語科で養うべき国語学力としてカリキュラムの上に位置づけていったらいいだろうか。

私は国語科で育てるべき基本学力を「生活を拓く言語の力」の観点から、次の五つの能力を柱として考えている。ここでは学力を検討する余裕がなくなったので、その観点だけをあげておく。

Ａ、言語による物・事の認識・批評に関する能力

B、言語による課題追究、思想形成、情報発信、自己表現に関する能力
C、他者受容（異文化受容）による自己形成、人間関係形成に関する能力
D、想像力、感性、言語感覚に関する能力
E、言語認識（メタ言語）に関する能力

【注】

（1）『生活学校』（一九三五（昭和八）年一月に創刊、戦時下発行停止）を、一九四六（昭和二一）年10月、波多野完治、滑川道夫らが再刊、戦後教育を主導した。また、滑川道夫は、一九四八（昭和二三）年九月、『生活教育の建設』を刊行し、「生活教育は、生活のための教育であり、生活による教育であり、生活そのものを引きあげる教育である」として、戦後の生活教育論の口火を切った。

（2）国分一太郎は、論文「新教育と学力低下」（一九四五年）などで基礎学力として日本語そのものの習得を強く提唱したが、さらに一九五六（昭和三一）年、「国語教育の目標」で、「一人ひとりの子どもに、正しくゆたかなものの見方・考え方・感じ方をもたせ、その自我を確立させるとともに、社会連帯感を自覚させる」などの六項目をあげている。私はその国分の教育観は、生活主義教育思想と言っていいものだと見ている。

3 国語科目標論に関する研究の成果と展望

1 教科「国語」の制度性と国際化時代の国語教育

(1) 「国語」の制度性

平成になってから、目標論と銘打った論の提示はなされていないが、国語教育にかかわっては数多くの注目すべき論文が発表されている。それらを、目標論の視点から取り上げ、今の時代における国語教育のあり方、及び課題について考察していこう。

平成に入る前後、特に問題視されてきたのは、ポスト・コロニアル時代を意識した、あるいは多言語主義の観点からの「国語」という言葉を教科名とした「国語科」教育の内実の問題であった。特に、国際化が進展する時代、一国家一言語の枠組みを倒壊せしめて、母語による言語生活のリアリティーを高めるには、国語教育は如何なる目標のもとに進められるべきかが問われたのである。

国語教育界で、教科としての「国語」の問題をいち早く取り上げた府川源一郎は、「国語」という「教科目の名称自体が、ことばそのものへの無自覚さを再生産している概念装置」だとして、「国家語としての『国語』という概念の本格的な解体」を主張した（注1）。その後、全国大学国語教育学会でもこの問題を取り上げ、「国語」という教科の制度制の問題は明らかになっていったのだったが、しかし、そのことが国語科の教育内容の見直しの問題にまではならなかった。「国語」という教科名の問い直しが、教科内容の見直しにつながったのは、一つは、府川源一郎著『私たちのことばをつくり出す国語教育』（注2）においてであった。府川は、そこで、まず「メタ言語能力の獲得」によって、「言語それ自体を関係概念として把握する道を開き、ことばの位相を確認する」ことを可能ならしめようと言う。そして、実際問題として、「一人ひとりの学習者に実感のあることばの体験をさせる……。切実で充実したことばの体験を教室の中で成立させる……」ことの重要性を強調する。府川は、母語の学習を、そのような活動を仲立ちとして、『私たちのことば』を通して『自分のことば』をつくり出す」営みと見ているのである。

(2)「生活語」と「共通語」

府川と近い立場で、主として沖縄に視点を置き、母語の教育の問題を追究してきた村上呂里は、沖縄における「生活語」と「共通語」との二重言語生活の積極的意義を認めた儀間進の指摘をふまえて、「国家によって周縁に位置づけられた地域ゆえに見出された視点に、他者の言語の尊厳を位置づけた多言語社会における『ことばの学力』論への豊かな示唆が孕まれている」として、「他者の言語の尊厳を学び、メタ言語意識を育む」学習プランを提示する（注3）。また、「多文化共生のかかわりを切り拓く教科構造」として、浜本純逸の提起した「人間固有の潜在的な能力」である「言語化能力」（注4）を基底に据え、その上に「言語体系・言語生活・言語文化を位置づけ」た国語科教育の試案を提示している。すなわち、村上は、他者の言語の尊厳を認識し、他者にひらかれたことばの教育を具体化するものとして、一つは自らの言語を相対化してとらえるとともに他者の言語に目を開くメタ言語意識に注目しつつ、さらに、人間にとって根源的な言語化能力を国語科の教育内容として位置づけようとしているのである。

府川が提起した問題、すなわち国家語としての「国語」という教科の孕む制度性の問題と、村上が提起した問題、すなわちマイノリティーとしての沖縄の人たちの置かれた「生活語」と「共通語」との二重言語生活の問題とは、決して別問題ではない。そこでは、「国語科教育」という制度のもと、ことば学びの主体である子どもの前に、「生活語」としての「私のことば」ではなく、制度のことばとしての「国家のことば」が習得すべき規範として与えられているのである。つまり、生活に生きて働く「私のことば」以前に、「国家のことば」が制度として設定され、子どもはその「国語」を学ばされてきたのである。そこに失われていたのは、生活者としての子ども自身の言語行為（＝ことば体験）であり、生きて働く「私のことば」であった。自らのことば体験を通して、先ず日本語を「私のことば」として自らのものにしていくという、ことば学びの主体が疎外されていたのである。

府川・村上の提起した問題は、母語の学習のあり方の根本にかかわる問題であった。一般化して言うなら、それは母語による生活と母語の学習との乖離に関する問題である。学び手である子どものことば体験とことばの学びとを切り離してはならない。現実の言語生活を通して母語を「私のことば」として自らのものにする学びを、国語教育の根底に据えなければならない。国語科の目標論の観点から見るなら、府川・村上は、そのことに関して次の二つのことを基軸として教科構造を構築すべきだという提唱を行ったのである。

①母語の学習として、子どもの生きた言語活動（＝ことば体験）の成立を図ること。

②生きた言語活動を通して、言語を習得し、言語活動そのものを可能にする能力（＝言語化能力）の習得を図ること。そのために、子どものメタ言語意識を育てること。

(3) 言語生活から言語学習へ

前者に関する言語教育観は多くの論者の提起するところであるが、特に、日本国語教育学会の幼保部会をリードする村石昭三の次のことばを上げておきたい。

保育・教育の実践研究はまず子どもの視点から出発するものでありたい。さらに言えば、子どもが求める想い、生活に有価なものとして子ども自らが生成し、学習していく活動を追ってほしい。(略)達する力よりは発する、有価なものを。それを子ども自らが求めて発する「想い」こそが重要であることをここに言挙げしたい(注5)。

これは、「保育」の立場からの発言ではあるが、学校教育においても、その実践の基礎とすべき重要な教育観だと、敢えて言っておきたい。村石が言うように、「子どもが自ら生成し、学習していく活動」を教室に取り戻すことは、「〜力」ばやりの現代において、特に重要な課題だと思われる。

村石と府川・村上とは、立脚点は異にしているかも知れないが、しかし、母語の教育のセオリーは同じだと見ていいだろう。ともかく、教室における学習であっても、そのための言語活動は、子どもの生活から出発し、子どもの生活を充実させるものでなければならない。特に、言語は生活に生き、生活を支えるものである以上、「国語」の学習は、言語をそのような生活の実の場に生きて働くものとして、子どもが自らの活動を通し習得することができるようにしなければならない。

(4) 言語化能力

そこで重要になってくるのが、村上が引用した浜本純逸の「言語化能力」を根底に置いた「新しい国語科の構造」の提唱である。(注6)浜本は、ソシュールの「ランガージュ」に関する丸山圭三郎の説を取り上げて「ソシュールは、ランガージュを話し・聞き・読み・書く言語活動と考えていたのではなく、それらを可能にする能力と考えていたのである。ソシュールは、それを人類に普遍的な、言語を生み出し運用する根源的な能力として、言いかえると『言語化能力』として考えていたのである。」と紹介し、次のように言う。

これからの国語科教育は、言語生活を豊かにするために言語体系・言語活動・言語文化を生み出していく根底にある言語化能力に働きかけ、その能力を活性化し、より強力化していくことを目標とすべきであるということになろう。

「言語を生み出し運用する根源的な能力」とは、府川の「自分のことば」「私たちのことば」をつくり出す力とも相通じるものであろう。しかし、それがどのような言語能力なのかは、今のところあまり明確ではない。言語化能力をどのような教育内容として具体化するかは、今後の課題であろう。ただ、前記したように、メタ言語意識あるいはメタ言語能力は、人間の言語化能力の基礎であるということだけは言えるだろう。もちろん、メタ言語に関する問題は、これまでも多くの研究者や実践者によって指摘されてきたところなのだが、特にここで注目しておきたいのは、それの言語化能力としての位置づけである。単なる文字や語彙、あるいはレトリックに関するスキルの習得の問題ではなく、言語や言語活動を自分のものにしていく言語習得力あるいは言語生成力としてのメタ言語に関する能力を、どのような教育内容として具体化するか、それは、重要な今後の課題である。

2　思考力・想像力など、認知領域の能力と国語学力

(1)　国語力

平成16（2004）年、文化審議会は「これからの時代に求められる国語力について」という答申をした。こ

れは、文部科学大臣遠山敦子の諮問に応えたものであった。その諮問は、「理由」として、「21世紀を迎え、国際化・情報化の進展や価値観の多様化など、人々の生活環境がこれまでとは比較にならないほど急速に変化している中で、一人ひとりが各自の生き方を主体的に考え、変化に対し柔軟に対応していく力を持つことが求められるようになってきている。」とし、それに対応して、「物事を的確に判断できるような分析力や論理的思考力、創造力などを身につけること」と「伝統的な文化を理解し、豊かな感性・情緒を備え、幅広い知識・教養をもつこと」との重要性を強調し、「国語力とは何か」及び「国語力を身に付けるための方策」について検討する必要があるとしている。

答申は、当然のことながら、この諮問の主旨に添ったものであった。すなわち、答申は、「学校における国語教育」の章の「(1) 基本的な考え方」において、まず「国語教育を中核に据えた学校教育を」として、「あらゆる知的活動の基盤となる国語力の基礎」を養うことの重要性を強調し、さらに「国語力の中核」として「考える力」「感じる力」「想像する力」「表す力」の四つをあげ、「聞く」「話す」「読む」「書く」はその具体的言語活動として発現したものであって、「考える力」などの四つの能力を伸ばすことが必要だとしている。また、「(2) 国語科教育の在り方」においては、「国語科教育で育てる大切な能力」として、「情緒力」「論理的思考力」「思考そのものを支えていく語彙力」をあげ、特に「国語科教育の大きな目標の一つは、情緒力と論理的思考力の育成にある。」としている。そのほか、特に読書活動の充実などに関して重要な提言を行っており、時代を反映した貴重な提言となっている(注7)。

この答申が、国語教育で身につけるべきことばの力を「国語力」の文言で取り出したことは、「〜力」の時代の反映でもあるが、その後の国語教育の能力主義的な方向をも明示していた。さらに、目標論の観点から見て重要なのは、「考える力」「感じる力」「想像する力」「表す力」の育成、あるいは「情緒力」「論理的思考力」の育成というような、言語による主体の理知あるいは情意の働きを「〜力」の文言で取り出し、国語教育の内容として強調しているところであろう（殊に、「情緒」に「力」をつけて、情緒の働きまでも「能力」の観点からとらえるところなど、まさに時代の反映だと言えよう）。

(2) 認知領域の能力

言語能力を、「考える力」や「感じる力」、「想像する力」との関係でとらえる言語観は決して新しいものではない。すなわち、思考力・情緒力・想像力など、言語主体の理知や情意の働きを言語機能に関する能力としてとらえ、その育成を国語教育の内容とするという言語教育観は決して新しいものではなく、戦後の機能主義国語教育観として提示されてきたものに共通するものである。

機能主義ではないが、その他、たとえば日本文学協会に属する実践者・研究者の多くも、認知に関する能力を重要な言語能力としてきた。また、上記答申が特記した「論理的思考力」については、これまで多くの論者の発言があるが、特に井上尚美は、その著『言語論理教育への道』（1977）以来、そのことの重要性を一貫して主張してきており、1998（平成10）年には、それまで発表してきた論文を『思考力育成への方略―認知・自己学習・言語論』にまとめ、改めて論理的思考力の育成を「言語論理教育」とし、その内容を、たとえば「批判的な読みのチェックリスト」のような形で具体的に明確にした（注8）。また、井上の所属する児童言語研究会では『今から始める　言語論理教育』において、具体的な教室での実践のあり方を示した（注9）。

教育課程の上に、言語活動を支える認知領域の能力を教育内容として取り出して示したのは、平成1年の第6期が初めてで、それ以降、第7期、第8期の学習指導要領においても「第1目標」に「…思考力や想像力及び言語感覚を養い…」と明示してきている。特に、第8期（平成20年）においては、「総則」で「基礎的・基本的な知識・技能を確実に習得させること」を受けて「これらを活用して課題を解決するために必要な思考力・判断力・表現力その他の能力」を育むことの重要性を強調している。なお、後述することだが、PISA調査の結果も、論理的思考力の重要性を広く知らせることとなった。

以上、言語を、主体の認知領域の働きにおいてとらえ、それを国語教育の内容とする動きを見てきた。問題は、認知領域の活動をどう具体化してとらえるか、あるいは言語の機能（はたらき）の観点からどのようなことを学習内容としていくかである。上記の井上尚美のようなすぐれた研究もあるが、しかし一般には、どのような認知領域の能力を言語の働きとしていくかはあまり明確にはなっていない。国語科の目標論の立場からも、思考力・想像力・判断力の育成の中身については、今後の重要な課題である。

3　グローバル社会・情報化社会と国語科

(1)　グローバル社会における国語科独自の教育内容

社会の国際化の進展にともなって、国語教育の分野でも、国際理解教育が特に問題になり出したのは1980・90年代のことであった。倉澤栄吉編『国語における国際理解教育（1994・6、エムティ出版）』（注10）は、国際化の中での日本語・日本文化の教育に重点を置いて編纂された。その傾向は、21世紀に入っても続いていて、日本言語政策学会は2004年度秋季大会のシンポジウムで、田近に『グローバリゼーションと国語教育のアイデンティティー」の演題での発言を求めた（注11）。その視点からの国語教育の課題は、たとえば日本の伝統的文化の継承を国語科としてどう位置づけるか（すなわち、伝統的言語文化を日本人の基礎素養として国語科の教育目標の中に位置づけるべきだ）とか、外国語教育との関係で母語としての日本語の教育をどうするか（すなわち、日本語の構造に関する基礎素養や日本語に関するメタ言語意識の育成を国語科の教育目標として位置づけるべきだ）などの重要な問題として、これからも絶えず問い直されるであろう。

(2) リーディング・リテラシー

グローバル社会あるいは情報化社会の進展の中での国語力あるいは国語教育の見直しは、２００４年12月に発表されたＯＥＣＤのＰＩＳＡ調査（２００３年度）の結果報告をきっかけとして、文部科学省をはじめ全国大学国語教育学会などの学会や教育雑誌において広く行われた。そのＰＩＳＡが調査対象としたのは、「読解（Reading）」ではなく「読解力（Reading Literacy）であった。その一般には耳慣れない「リーディング・リテラシー」という語は、次のように定義されていた。

読解力とは、自らの目標を達成し、自らの知識と可能性を発達させ、効果的に社会に参加するために、書かれたテキストを理解し、利用し、熟考する能力である。

このような読解力の定義のもとで作成されたＰＩＳＡの調査問題のような読解学習は、わが国の国語教育においては、すでに早くから強く求められもし、実践されてもきたのだった（注12）。しかし、一般には、読解学習というと読解スキルに偏り、リーディング・リテラシーのような観点からの目標設定が欠落していたのも事実であろう。グローバル社会を視野に入れた上での、新しいリテラシーの観点からの国語力の見直しとそれに基づく目標設定とは、これからの教育現場が取り組まなければならない課題だと思われる。

その点で、２００８年に刊行された桑原隆編『新しい時代のリテラシイー教育』（注13）、および浜本純逸氏の退任記念論文集『国語教育を国際社会にひらく』（注14）の二冊の論文集所収の諸論は、「知識基礎型社会」といわれる新しい時代の国語教育の目標を考えていく上で、有力な手がかりを与えてくれるように思われる。

なお、ここでは詳述できないが、ＰＩＳＡ調査が、これからの時代に必要な能力として取り上げたリーディング・リテラシーの基軸となる能力は、比較や分析・再構成・推論・論証を支える論理的思考力、あるいは批判的思考力ではないだろうか。（私は、これからの時代の国語教育は、目標としてそれを前面にかかげていくべきだと考えている。）

4　意味生成・創造の行為としての言語行為

(1)　リテラシーにおける意味創造の機能

リテラシーの教育の観点から注目すべきは、桑原隆の「リテラシーの中心的な機能は、意味を主体的に創造していくことにある」という発言である（注15）。後述するが、文学テキストの読みにおける意味生成の働きについては、１９８０年代から論じられてきたことだが、桑原は、「意味の創造」をリテラシーの機能としてとらえ、「言語による知の働きの構造」をふまえて、状況のコンテキストや先行知識を基盤とした「意味創造の言語活動」の重要性を指摘している。特に、桑原が紹介したグッドマンの「読み手は、テキストとの相互交渉によって、自分自身のテキストを創造していく。その相互交渉によって、筆者のテキストは、読み手がつくり出す意味にあったテキストに変形されていく。読み手のテキストは、読み手の頭の中にのみ存在する！」という考え方、およびその立場からの「読むことは（受容的な過程ではなく）能動的な過程であって、その過程において読み手は意味を追求してさまざまな有効なストラティジーを活用していく。」などの、読みの機能に関する見方は、言語教育のあり方を考えていく上で参考になる。以上のように、「意味創造の言語活動」の観点から見るなら、国語教育の目標も、言語の意味生成の機能の働きに重点を置いて検討されなければならないことになるだろう。なお、「言語の創造性」に関しては、田近も、1996年刊の『創造の〈読み〉』（東洋館）所収の諸論考で論じてきたが、それらをふまえて、基本的な立場を「国語教育原論――『創造の過程』としての母語の教育」（注16）にまとめている。

(2) 文学の読みにおける意味創造と主観性の克服

国語教育界では、ほとんど実践・研究の視野にはいっていない問題かも知れないが、平成にはいってからの文学教育をめぐる論議は、国語教育の本質にかかわる重要な問題を内包しており、注目しておかなければならないように思われる。

1980年代、関口安義によって先鞭をつけられた読者論的読みの教育論は、1900年代の半ば頃から、田中実・須貝千里らによって厳しく批判されるようになった。田中実は、1996（平成8）年の『小説の力／新しい作品論のために』（注17）に続いて、1997（平成9）年『読みのアナーキーを越えて』（注18）を著し、関口の読者論に立つ読みの理論を「エセ読みのアナーキー」と言って批判し、その後一貫して、読みの行為において、読者は如何にして自己の主観を倒壊していくことができるかを追究してきた。すなわち、読みは、読者が自分のコンテキストの中で、言語的資材として存在する言語テキスト（＝元の文章）に意味を与えていくことによって成立するのだが、どうしたらその読みの行為において、自己の主観の枠組みを超えて、自分の読みを創っていくことができるのかを問うてきたのである。言語行為の問題として言うなら、表現も理解もともに言語主体にとっては、意味生成あるいは意味創造の行為として成立するのだが、では、その言語行為において、どうしたら主観の枠組みを超えて自己の意味世界を創っていくことができるのかということである。

田中・須貝が提起した、読みにおける主観性の克服の問題は、たんに文学の読みの問題にとどまるものではなく、情報テキストの受容行為や言語による表現行為においても避けて通ることのできない重要な問題である。そこでは、言語を媒介とすることにおいて、如何にして自己の主観を克服することができるかが問われているのである。言語を媒介とした意味創造の働きと、その過程における主観性克服の働きとが、読書行為の研究を通して、文学・言語の教育に関する基本的な問題として浮上してきていると言っていいだろう。目標論の観点から見るなら、異質性の受容及び自己対象化の能力、さらには自己の言語に対するメタ言語的な意識・能力などを教育内容とした目標の設定が問題になるであろう。

5　言語活動と単元学習

(1)　言語活動の充実

第8期の学習指導要領とともに重視されてきたのが、言語活動の充実という課題である。上に引用した「総則」も、「言語活動を充実する」ことの重要性を明示している。

「言語活動」という文言は戦後教育の中で国語教育に関するキーワードとして使われ、それを重視する言語活動主義の教育は能力主義の立場からしばしば批判の対象になってきた。その「言語活動」が、PISA調査の影響下で作成された第8期「学習指導要領」で、特に重要な学習活動として取り立てて示されているのである。また、文部科学省は2010（平成22）年12月『言語活動の充実に関する指導事例集～思考力、判断力、表現力等の育成に向けて～』（小学校版・中学校版）を作成して、全国の小・中学校に配布した。

このような文部科学省主導の観のある言語活動であるが、しかし平成10年前後の学力低下論争や言語活動主義批判が盛んな中でも、その重要性を主張してきた研究者・実践者は少なくなかった。特に大平浩哉は、「次なる改訂への提言」として『国語科教育改造論』を著し、「言語活動を通して言語の能力を」ということを強く訴えた（注19）。

(2) 単元学習と言語活動

また、日本国語教育学会は、１９９２（平成４）年、『ことばの学び手を育てる／国語単元学習の新展開』（全七巻）（注20）を刊行し、さらに２０１０（平成22）年『豊かな言語活動が拓く／国語単元学習の創造』（全七巻）（注21）を刊行して、言語活動・言語生活重視の国語教育のあり方を実践的に明らかにしようとしてきた。この二つの講座の発行を通して掘り起こそうとしたのは、端的に言うなら、次の二つだと言っていいだろう。

①国語学習を、言語生活の実の場における、生きた言語活動として設定する。
②生きた言語活動を通して、母語の能力（国語学力）とそれを学ぶ力（自己学習力）を育て、ひいては実の場に生きる力を育てる。

このことが、二つの講座のサブタイトル「ことばの学び手を育てる」「豊かな言語活動が拓く」に端的に表れていると言っていいだろう。単元学習の成立の鍵は、学習活動としての言語活動にある。その言語活動を如何に充実したものにするかが、単元学習の成否にかかわるのである。ただ、なにかしらの活動をしていればいいというものではないのだ。

(3) 言語活動と言語能力

言語活動にかかわる大事な視点として、次に、三人の研究者の言を上げておきたい。

ア、言語活動と認識活動　言語活動と関連づけておかなければならないのは、思考力・想像力など、認知領域の能力である。大槻和夫は、「人間的発達の総体の中で国語の学力の発達」を図るための原則の第一として、「言語による理解や表現の活動を、認識活動と一体のものとして学習させること」をあげている（注22）。不可視領域の思考・想像などの働きの側から見ても、その習得は具体的な言語活動として明確にしておく必要があるのだが、「活動があって、学習がない」と言われたような、言語活動を表面的なことばのやりとりに終わらせないためにも、その活動がどのような認識活動と関連しているのかを明確にしておく必要がある。なお、そのことに関して、かつて湊吉正が、言語活動の形態として「話す」「聞く」「読む」「書く」のいわゆる外言活動のほかに、内言としての「内的言語活動」を位置づけたが（注23）、外言としての言語活動は内言活動としての思考・想像などの認識活動との関係で、国語科の教育内容としていかなければならないのである。

イ、単元学習で育てる学力　自己学習力の育成が求められ始めたのは１９８０年代初頭のことであるが、国語教育界でそのことを強く求めた一人、浜本純逸は、「自己学習力を育てる場としての新単元学習」として「総合単元学習」を提唱し、それを通して「問題発見力」「学習構想力」「情報操作力」「自己評価力」を育てることの可能性を指摘した。さらに浜本は、前掲講座・平成22年版に「国語学力を育てる国語単元学習」（注24）を執筆し、「育てたい思考力」として論理的思考力を取り上げ、「観察・感受・直観」を基礎とした「比べる（対比・類推）」「推論（機能・演繹）」「分ける（分類・範疇化）」「名づけ」「価値づけ」「選択」「判断」「総合（関係づけ、題名付け）」「構造化（順序〈時間・空間〉」「階層〈一般—具体〉」「論理化（原因—結果、意見—根拠）」などの要素を方法知として全教科で育てることを提案している。つまり、論理的思考力を方法知として取り出し、具体的な言語活動を通して習得させようとしているのである。不可視領域の思考・想像などの活動を、具体的な言語活動として取り出すことは、教育内容・教育目標を明確にしていく上できわめて大事な作業だと思われる。

ウ、意味創造の言語活動　日本国語教育学会誌『月刊国語教育研究』が「単元学習と言語活動の充実」を特集した時、桑原隆は「言語活動の充実―「意味」の創造過程」を書いて特集に応えた。(25)これは、前述したように、リテラシーの中心的な機能を意味の創造に見ていた桑原が、その考えを単元学習における言語活動のあり方として述べたものである。単元学習を、「具体的な場や状況における目的を持った言語活動の営み」として組織することで、はじめて主体的な意味の創造・意味の構築の過程として成立するという桑原の指摘は、単元学習のあり方とともに、その学習・教育の目標をも示唆している。

終わりに

本稿の結びにかえて、１９８０年代の拙論を引用させていただきたい。それは、教育界では、社会状況を背景に諸論が激しくぶつかりながら新しい時代の動きを作っていくが、しかし、歴史をふり返ってみると、その中でも変わらず貫くものがあることを、改めて思うからである。

以下の引用は、「ことばの学び手を育てる国語教室づくり」の一節である。

(1)一人ひとりの言語行動を主体的なものにすること――ことば体験の回復

(略)聞く・話す・読む・書くを通して、自分自身の立場から問題を発見し、追求するようにする。そのために、比較・類推・分析・総合などの活動を活発にする。

(2)共同の言語活動を豊かなものにする――言語生活の充実

教室を他者理解と自己表現の場とし、共同討議・共同作業・集団思考を通して人間関係を深めるとともに、ものに対する認識を確かなものにするようにする。(略)

『現代国語教育への視角』(1982・8、教育出版)

かつて、国語教育界では、きわめて見やすい形で目標論がたたかわせられた。しかし、平成という時代は、国語教育の目標が主義・主張の形で論じられることはなかったと言っていいだろう。教育が実践的に論じられることの中に、目標が埋め込まれた時代だったように思われる。したがって、本稿は、実践的教育論の中から目標論を掘り起こす仕事であった。大きな見落としのないことを祈るばかりである。

【注】

(1) 府川源一郎「『国語科』から『日本語科』へ――『国語』という教科への疑い」(『「国語」教育の可能性』1995・5 教育出版)所収

(2) 府川源一郎『私たちのことばをつくり出す国語教育』2009・8 東洋館出版社

(3) 村上呂里「多文化共生を切り拓く『ことばの学力』論」(後掲「注14」所収)

(4) 浜本純逸『国語科教育論・改訂版』2006・5、溪水社

(5) 村石昭三「子どもからの保育・教育へ」(『国語教育研究』2011・12、日本国語教育学会)

(6) 同6

(7) 文化審議会答申「これからの時代に求められる国語力について」(2004(平成16)年2月

(8) 井上尚美『思考力育成への方略―認知・自己学習・言語論』1998・

(9) 児童言語研究会『今から始める 言語論理教育』2008・5、一光社

(10) 倉澤栄吉編『国語における国際理解教育』1994・6、エムティ出版

(11) 田近の発言要旨は、後掲注に収録。

(12) 例えば、倉澤栄吉は、1956（昭和31）年に『読解指導』（朝倉書房）を著し、文章に即した内容の読み取りだけの「即文主義」を否定して、「生活の必要」を重視するとともに「主体の原理」に立つ「生活読み」「主体読み」を提唱し、学習者の意識を重視したさまざまな実践を生んだ。大村はまの単元学習は、その延長線上の実践だと言っていいだろう。また、井上尚美も、注11で、OECDの学力調査にしても、「そこで目指している『読解リテラシー』というものは、既に昭和20年代に目標とされていました。」と述べている。

(13) 桑原隆編『新しい時代のリテラシー教育』2003（平成20）、3、東洋館出版社

(14) 浜本純逸退任記念論文集『国語教育を国際社会にひらく』2000（平成20）3、溪水社

(15) 同13

(16) 『ル・ファール』6号（2011・10、れんが書房新社）所収

(17) 田中実『小説の力—新しい作品論のために』1996・2、大修館

(18) 田中実『読みのアナーキを越えて』1997・8、有文書院

(19) 大平浩哉『国語教育改造論』2003・3、愛育社

(20) 日本国語教育学会編『ことばの学び手を育てる／国語単元学習の新展開』1992・8、東洋館出版社

(21) 日本国語教育学会編『豊かな言語活動が拓く／国語単元学習の創造』2010・8、東洋館出版社

(22) 大槻和夫「国語の学力と単元学習」（同20に収載）

(23) 湊吉正『国語教育新論』1987、明治書院

(24) 同21

(25)『月刊国語教育研究』2009・4、日本国語教育学会

4 言語活動主義と言語能力主義
――時枝誠記の「学習指導要領試案」をめぐって

はじめに

平成二〇年三月公示の、第八次改訂の教育課程は、中央教育審議会の答申に基づき、特に「言語活動の充実」に重点を置いたものであって、その後、文部科学省主導のもと、全教科にわたる言語活動の開発やその指導が強調され、まさに一時代を画するような言語活動重視の教育活動の起点となったことは、記憶に新しいところであろう。しかし、国語科の学習において言語活動の重視は、決して目新しいものではなく、戦後の国語教育は、言語活動の重視を目指して発足し、そのあり方を問うて展開してきたと言っていいだろう。しかし、それが、昭和五三年の第五期教育課程の改訂においては、戦後教育の反省の上に立って、学習指導要領から「生活」の文言が消え、「言語の教育としての立場が」が強調されて、言語能力重視の時代となっていたのだった。つまり、言語活動重視の教育に対しては、むしろ批判的な動きがあったことを忘れてはならない。

本稿では、言語活動主義・言語生活主義と言われる戦後の経験主義の国語教育と、それに対して厳しく批判し続けた時枝誠記の国語教育論とを取り上げ、その両者の視点から、国語教育における言語活動の問題について考察の糸口を広げてみたいと考える。

戦後の新教育と言われた経験主義の教育が、実際に始動したのは、昭和二二（一九四七）一一月、文部省が発表した『昭和二二年度版（試案）学習指導要領国語科編』においてであった。この第一次試案は、戦後の混迷を極めていた教育界に、「言葉を広い社会的手段として用いるような、要求と能力をやしなう」という理念のもと、小学校・中学校における国語科に、言語活動を中心とした学習内容及び学習方法を提示して、新しい教育の方向を示唆したのである。その新しい方向とは、約言するなら、言語活動を営む上で必要な言語活動を学習内容として取りあげるとともに、それを具体的な言語経験を通して習得させようとするものであった。そして、その新しい教育のあり方を端的に示しているのが、「参考二」としてあげられた「単元を中心とする言語活動の組織」という中学校の単元学習例である。

この文部省の第一次案が発表された翌年、時枝誠記は、『国語科学習指導要領試案――購読編』（注1）（ここでは「時枝試案」とよぶ）を発表、更に「文法編」「作文編」「習字編」「話方編」「聞方編」を発表、そして、昭和二六（一九五一）年の文部省第二次試案をも視野に入れて、昭和二九（一九五四）年四月、言語過程説に立つ国語教育観を『国語教育の方法』（注2）としてまとめて刊行した。

当時の文部省は、アメリカの経験主義の影響の下、言語活動を全面的に取り入れて教育課程を編成したが、時枝誠記は、言語過程説という自身の学説に立ち、言語行為を可能とする能力の習得を中心に学習指導を進めようとした。両者とも、言語活動を国語学習成立の鍵とみている点では同じはずだったが、しかし、両者が互いに認め合うことはなかったし、共に論じ合うこともなかった。両者は、共に、言語活動を国語学習の基軸においてはいたが、問題は、それぞれの言語活動についての考え方にあったのである。

まずは、文部省第一次試案を取り上げて、経験主義に立つ言語活動中心の国語教育を概観しておこう。その上で、上記した時枝の論述を取り上げ、言語過程説の立場からは何が問題だったのか、特に言語は「主体の実践的行為」だとする時枝のおいて、学習内容としての言語行為、言語活動とはどのようなものであったか、国語教育の視点から、そこにどのような問題点を見出すことができるかを問うていきたい。

1　経験主義の国語教育

(1)　昭和二二年版・文部省『学習指導要領国語科編（試案）』

戦後の国語教育のあり方に関して、基本的な方向づけをした文部省第一次試案の冒頭で、国語科の目標は、次のように規定されている。

　国語科学習指導の目標は、児童・生徒に対して、聞くこと、話すこと、読むこと、つづることによって、あらゆる環境におけることばのつかいかたに熟達させるような経験をあたえることである。

国語科の目標は、「…ことばのつかいかたに熟達させるような経験を与えること」だとする経験主義教育観に立つ教育課程は、当時の教育現場に十分には理解されていなかったように思えるのだが、しかし、戦前からすでに国語教育界の指導的立場にあった西尾実の言語活動主義・言語生活主義の提唱と相呼応して、戦後の国語科教育の基本的なあり方を方向付けることになったのだった。ただし、見落としてならないのは、その「経験」は、「あらゆる環境におけることばの使い方に熟達させるため」だということである。つまり、教師が、一方的に教え込むのではなく、経験を通して、ことばの使い方（＝言語技能）を身につけさせるようにすることが大事だとしていることである。だから、第一次試案は、続けて「今後は、ことばを広い社会的手段として用いるような、要求と能力をやしなうようにつとめなければならない。」として、具体的な能力を上げているのである。例えば、読むことに関しては、「知識を求めるため、娯楽のため、豊かな文学を味わうためというような、いろいろなばあいに応ずる読書のしかたを、身につけようとする要求と能力とを発達させること。」とあり、また読み書きの領域では、「すらすらと読んだり書いたりできるようにする」というタイトルのもと、「(三) 必要や興味に応じて、いろいろな形の文章が書けるようにする。」「(五) 音読や黙読がよくでき、また、正しくはやく読めるようにする。」など、九項目の能力目標があげられている。

しかし、教育課程としてみるなら、習得すべき個々の能力は明確でなく、国語科の学習内容(教科内容)の体系化もなされていない。また、学習活動としての言語経験(=言語活動)と、学習内容としての言語活動との関係についても明確でない。しかし、昭和二二年の時点での初めての教育課程であってみれば、それも仕方のないことだったのかも知れない。むしろ、聞く・話す・読む・書くの四領域の言語活動を実践的に取り出し、経験を通してそれを身につけさせようとしているわけで、経験主義のセオリーに即し、言語活動を基軸に新しい可能性を掘りおこそうとした新時代の教育課程として、国語教育史上に位置づけておくべきであろう。

(2) わが国最初の単元学習

この第一次試案を特徴付けるものに「参考一」として示された「単元を中心とする言語活動の組織」がある。ここで、我が国の国語教育界に、初めて「単元」という文言が提示されたわけで、「参考」ではあったが、経験主義国語教育の具体的な学習指導のあり方を示したものとして注目された。では、ここで提示された「単元」とは、どのようなものだったのだろうか。

まず、「単元」について、それは「ある題目、内容を提示し、これについて言語活動をいとなむものである。」と規定し、「単元による方法」については、「児童・生徒が解決しなければならないような問題をだし、児童・生徒が問題を解くときのすべての経験、到達した結論、達成した結果をまとめていくことである。」と定義する。

その上で、「児童・生徒がみずから問題を選び出して、自覚的に活動するばあい」の中学校三年生の例として「われわれの意見は、他人の意見によって、どのような影響をこうむるか。」という単元を取り上げて、丁寧な解説を加えている。次に、その単元例で注目すべき点を整理し、私見を交えながら概括しておこう。

この単元は、社会的な生活の中で、他とかかわりながら個人の意見を確立していくには、どのようなことが大事かという、社会生活上の課題を取り上げ、さまざまな言語活動を通して、それを解決していこうとする単元で、課題追求単元である。単元の「内容」は、主として個人の意見に影響を与える「他人の意見」をめぐって、例えば、「(二) 世論とは何か。また、民主政治においてなぜ大切であるか」「(三) 子供の意見は、いかに両親から影響されるか。」などである。そのような内容に即して、「目標」は、たとえば、「(一) 民主主義の国では、各個人の意見が大切であることを理解させていく。」「(二) 世論とその重要性を理解させる。」などが設定されている。

そのあと、次のような「学習活動の例」があげられている（最初と最後の例をあげる）。

一 『なぜ各人の意見はたいせつであるか。』という問題を討論すること。討論に先立って、『民主主義の手引き』を広く読むこと。

二十二 次のような劇を書き、演出すること。

1 売り手が、お得意さんになりそうな客に、何かを売ろうとしているところ。

2 女学生が友だちにバザーに来るようにすすめているところ。

このような、計二十二のさまざまな活動例が「学習活動の例」としてあげられている。その活動例は、生徒の関心や問題意識に即しながら、彼らの自主性を重んじ、共同学習を組み込んでおり、学習者の側に立って生活的・現実的な問題追究活動を学習活動として組織するという点で、それまでの国語科では到底考えられない、新しい国語学習の可能性を開いたものになっていると見ていいだろう。

なお、その後に、問題を追究する単元学習を成立させる具体的な言語活動が列挙されている。つまり、この単元学習には、どのような言語活動が含まれるかを洗い出しているわけである。「(一) 学級の討議」から「(二) おおぜいの前で話をすること。」「(六) 知識を得るために読むこと。」「(十六) 覚え書きを書くこと。」など、ここに列挙された十六の言語活動例は、単元学習は言語活動によって成立するという、言語活動主義の国語教育の具体的な展開を示したものとなっている。

また、言語活動を列挙した後に、「単元を選ぶには、言語活動や、学習活動をたくさん含んでいる社会科から選ぶことができる。」と、補記されている。これは、単元学習が、教科の枠を越えて、関連的に展開できる可能性を示唆したものとして、戦後の総合主義的な新教育の一端を示したものと見ることができるだろう。更に、この単元学習の例の最後には、「評価」の章がつけられている。単元学習を通して、どのような変化が見られるかをとらえようとしたもので、言語活動に即して、その成果を見ようとした学習評価として注目されるものである。

以上、学習指導要領の第一次試案の単元学習例は、戦後の新教育における経験主義・言語活動主義の国語教育とはどのようなものであったかを、示したものであった。ひと言で言うなら、それは、児童・生徒の生活的・内発的な課題意識を契機として展開するさまざまな言語活動をもって単元を組織し、その活動を通して、実践的な言語能力の習得を図ろうとするものであったと言っていいだろう。

2　時枝誠記の言語過程説に立つ国語教育観

(1)　時枝誠記の「国語科学習指導要領試案（解説・購読編）」

①　国語教育の目的

文部省の第一次試案が発表された翌年の昭和二三年三月、時枝誠記は、独自の『国語科学習指導要領料試案——総説・講読編』を発表した。そこには、その後展開する時枝の国語教育観が、すでに素朴な形ながら述べられており、しかも、文部省第一次試案に対する批判が、単元の形で具体的に示されていた。

ここで、時枝が一貫して主張したのは、「国語教育は、知識の授与或は知識の獲得の方法に関する教育ではなくて、国語を実践するところの方法を授け、それを促すところの教育でなければならない。（注3）」ということであった。これは、時枝の「言語を、人間行為の一として観察し、すべてを、言語主体の機能に還元しようとする学説（注4）」、すなわち言語過程説に立つ言語観から出た国語教育観であった。つまり、時枝において、言語は、主体の外なる存在ではなく、主体の行為として成立するものだと考えられているのである。だから、時枝は、上記引用に続けて、次のように言う。

国語といふものが、先ず存在して、それを運用するところに、我々の国語生活が成立するといふやうに考へるならば、国語教育は、ややもすれば、国語の認識とその運用であると考へられ易い。しかし国語は、読むこと、書くこと等の言語主体の実践によってのみ成立し、存在するものであると考へるならば、国語教育は、ただ実戦の訓練といふこと以外には、考へることができない（注5）。

言語を主体の「実践的行為」と考える時枝は、このように言って、「国語教育の目的」を「国語的実践とその訓練」だとしたのである。

さらに、その立場から、「国語教育の目的とするところは、その思想内容にあるのではなくて、それに到達する手段方法の訓練にある」と言い、また、「教師は何よりも、生徒に教材内容に注意を向けさせるよりも、与へられた教材を如何に正確に理解するか、その方法に対して、興味を喚起することに努力しなければならない。」(注6)と言った。こうして時枝は、国語科のねらいは言語活動を成立させる方法・技術の教育にあるということを、ことばをかえてくり返し述べたのである。

② 時枝の「単元」例

以上のような総論的論述を基礎に、時枝は、自身の国語科単元学習論を展開し、更に自らの国語教育に対する考え方を、「単元」の学習の形に焦点化して示した。すなわち、時枝試案は、文部省の第一次試案を批判するだけではなく、その時点における時枝自身の国語教育観を教育方法論として整理し、その具体的なあり方を明示したものであった。そこで、時枝の国語教育観が鮮明に出ている単元学習を取り上げて、氏の国語教育観・単元学習観の特質を見ていこう(以下の引用は、「前記『国語科学習指導要領試案』」)。

時枝は、「単元とは、分析された教育内容の中で、生徒の学習すべき当面の単位」であり、「学習内容、生活経験の分析された単位を示すものである」と考え、「講読科の目的、使命は、与へられた文章を理解する態度、方法を訓練し、学習することであるから、講読科の単元はこのやうな理解の態度、方法に基づいて分化される。」と言い、また「理解の方法としての単元は、理解せられる国語の諸事実によって既定されて来る。」と言う。「国語の諸事実」とは、例えば、「漢字の読み方、意義」の理解のことであって、したがって、国語科を訓練学科とする時枝は、「漢字の読み方、意義を明らかにする」ことを、「国語を理解する上の一つの方法」として、「講読訓練上の一単元として立てる」ことが必要だとする。要するに、時枝における「講読科」の単元は、「国語の諸事実」によって規定される「文章を読むことの方法的単元」として考えられているのである。

そこで、問題は、国語科の単元が「国語訓練の単元」であり「方法的単元」であるとしても、その単元を規定する「国語の諸事実」とはどのようなものかということである。時枝は、それは「国語学上の知識」によって明かされるであろうが、それだけではなく、「文章を理解する際に、どのやうなことが理解を導き、どのやうなことが妨げになるか」を探索する必要があるとして、次のように言う。

国語教育の単元として、教育内容としての国語の事実から分析、抽出されるものの外に、実にもっと根本的なものが存在することを忘れてはならない。それは「読む」といふ作用に於ける根本的態度の訓練に関することである。

時枝の国語教育に関する論述を通して、これは、時枝の国語教育観の根本にかかわる重要な文言である。すなわち、時枝は「国語の事実から分析、抽出」されるものと、「『読む』といふ作用に於ける根本的態度」とを国語科の「教育内容」とし、それをもって国語教育の実践形態としての単元を考えようとしたのである。

時枝は、上の引用のあと、「根本的態度」について論述を進めているのであるが、それについては後述することとして、それを検討する前に、文部省の学習指導要領（試案）に対置される時枝の国語教育の方法を把握するために、単元学習というものに対する考え方を明らかにしておこう。

時枝は、先に述べたように、国語教育は、言語活動を成立させる方法・技術の教育であるという考えの上に立って、戦後の「生活単元」を批判する。（注7）すなわち、そのねらいが「国語学習の意欲を刺戟する」ことにあることを認めながらも、「生活単元による国語教育法を、国語教育に於ける単元学習法と考へることは、単元の意味の混乱を来たすもの」であって、国語科の単元は、「国語生活それ自体の中から検索されて来なければならない」として、自身の「講読科の単元」案を提示した。そこには、時枝の国語教育観の骨子が、単元の形で端的に示されていると思われるので、もう少し具体的に見ていこう。

時枝は、「単元」というタームを、上に見たように「分析された教育内容の中で、生徒の学習すべき当面の単位」を意味するとするが、これは、戦後導入された経験主義教育における学習形態・学習方法としての「単元」のことではなく、学習の中核となる学習内容のことである。したがって、時枝の単元論から見えてくるのは、時枝が何を教科の中核的な学習内容（時枝は「教育内容」と言う）としているか、すなわち、どのような教科内容を、習得すべき学力（国語力）として学習活動を設定しようと考えているかということである。そこで、「講読科の単元」において、時枝が「専ら読まれる対象即ち文章の中に存在する単元をあげることとする」としてあげているものを取り出してみよう。

一、漢字の読み方、意味を検索すること及びその方法。
二、語句の意味を検索すること及びその方法。
三、語、句、分の区切れを正しく読むこと。（略）
四、韻律の有無に注意すること。（略）
五、文章中の重要な語句に対する注意を刺戟すること。（略）
六、段落に注意すること。（略）
七、段落と段落との間の意味的関係を求めること。（略）
八、文章の冒頭に注意すること。（略）
九、冒頭のない場合の読み方に注意すること。（略）

一〇、結語、結論に注意すること。

（以下、二一まで省略）

以上を見て明らかなように、時枝の単元は、学習活動の一まとまりではなく、言語活動を可能にする言語的な技能・能力、あるいは態度（心がまえ）といった、言語に関する学習内容をさしていた。

時枝は、上記二十一項目をあげた後に、次のように言う。

単元の不完全な羅列に過ぎないものとなったが、もし将来これが完備されたならば、（略）国語科の教授事項の大体の輪郭と予定とを立案することができるであらう。さらにこれを各学年に配当し序列をつけるにはどうしたらよいかといふことが具体的な問題として出て来るであらう。（略）

時枝は、こうして、「単元」ということで、国語科の教科内容を、文章の理解活動に即して分析した。すなわち、「単元」というタームによって示された「教育内容」は、まさに時枝における国語科の教育課程の柱となる教科内容であった。

その教科内容としての言語活動は、言うならば、日常的な用足しの言語活動ではなく、言語能力と一体化したものであった。すなわち、時枝においては、まず、言語能力を見定めた上で、そのはたらきとして言語活動が考えられていたと言っていいだろう。そのことを、時枝の「基礎学力」観の観点から検討しておこう。

③　時枝における「基礎学力」

時枝は、昭和26（1951）年10月発表（第二次）の文部省『学習指導要領試案国語科編（試案）』（中学校・高等学校編）の「国語の教育課程は、言語についての知識を授けるよりも、価値ある言語経験を豊かに与えるという方向を目がけている。」という基本的な考え方に関する文言を取り上げて、次のように言う。

経験は、正しい技能の修得をもって、始めて確実な経験となることができるのであって、技能を前提としない経験は、皮相な無自覚な経験にしか過ぎない。

（これは、時枝の、昭和29年発行『国語教育の方法』からの引用だが、第一次・第二次の文部省試案を視野に入れての論述である。）

そして、時枝は、文部省試案は「経験すべき言語の種々相」については、「改まった場合のあいさつや紹介ができる。」「必要な新聞や雑誌が読める。」「実用的な手紙や社交的な手紙が書ける。」のような言語経験は網羅しているが、しかし、「基礎学力の分析についてはほとんど触れてゐない。」として批判する。（注8）では、時枝の言う基礎学力とは、どのようなものだったか。時枝は、基礎学力について、「あらゆる経験を可能にするところの基本的な能力」であって、国語科に関して言うなら、「話手聞手が言語を行為するために身につけるべき学力であり、能力であり、技術である」と言う。そのような考え方の上に立ち、時枝は、表現・理解の「言語行為」を成立させる「最も基礎的な能力、技術」を、話す・聞く・読む・書くの「四の言語形態」について分析して提示した（注9）。

その「読む場合（文字を媒材とする理解）の項には、次のような能力が「基礎的な能力・技術」としてあげられている。

　文字の音と意味とを正しく読みとる（辞書を検索する）
　語の意味を文脈に即して理解する
　文の論理的関係（主語、述語、修飾語の関係）を正しく理解する
　段落と段落との関係をつかむ

文章の構成（冒頭、本論、結論の関係）を明らかにする

要点、大意、主題を誤りなく捉へる

ここに「基礎学力」としてあげられた六つの能力は、まさに、表現・理解の伝達媒材としての言語（言語的資材）に視点を置いてとり出した言語活動を可能にする能力だと言っていいだろう。そして、この六つの能力を、前記の単元の柱となる「教育内容」としての「国語の事実から分析、抽出」されたものとしてあげられた二十一項目と照合すると、時枝における国語科の単元は、基礎学力に基づき、それを「読まれる対象即ち文章」に即し、読む活動として具体化したものだと言っていいだろう。すなわち、時枝において、国語科の単元は、「国語の事実」という言語の側から分析・抽出した国語学力を柱として、それを習得するための活動として構想されたものであった。

⑵ 時枝誠記の国語教育観

① 文部省試案と時枝試案

文部省の第一次・第二次試案と、時枝試案との二つの国語科の教育課程案は、共に戦前から戦中に至るわが国近代の国語教育を否定しつつ、それぞれ戦後の新しい国語教育のあり方を拓こうとして構築されたものであった。しかし、両者は、一方（文部省）は現実の日常的な言語生活に即して具体的な言語活動を開発して学習活動として設定し、また一方（時枝）は言語活動の成立を可能にする言語能力を言語的事実に即して体系的に明確にし、それを学習活動の柱とするといった、相対する二つの方向を志向していた。前者の文部省による具体的な生活的言語活動を学習内容とする国語教育は、経験主義あるいは言語活動主義とよばれ、後者の時枝による言語能力を柱とする国語教育は言語能力主義とよばれて、互いに相容れないものと見られていた。

今日、改めて見直してみると、それぞれに見るべきものがあったにもかかわらず、両者は相互に十分検討されることもなく、昭和三十年代になると、共に歴史の舞台から消えていったのだった。もちろん、昭和三十年代以降の学習指導要領は基本的には言語活動主義を引き継いだものであったし、また、言語能力主義も「言語の教育」というようなとらえ方で引き継がれてはきた。また、その両者を支える国語教育観は、一方は大村はま氏に代表されるような言語生活主義的な単元学習に引き継がれ、一方は形を変えながらも言語技術主義的な実践に引き継がれて今日に至っているのである。

そのようなその後の動向をふり返るなら、さまざまに展開する戦後国語教育の原点が昭和二十年代にあったのは確かであろう。しかし、その原点は、その本質において、確かに踏まえられているだろうか。特に、文部省第一次試案に掲示された単元例と、時枝試案の単元例とを比較するなら、その両者の違いは明確である。すでに述べたことだが、文部省試案は、言語生活上の課題を柱とする価値ある言語経験を学習活動として組織したものであり、時枝試案は、国語の基礎学力として取り出した言語能力を柱として、それを習得するための活動を単元としたものだった。前者は、言語生活上の価値ある言語活動の成立をねらいとし、後者は、言語活動を成立させる言語能力の習得をねらいとしたのである。

この両者の折衷案を考えることは、そんなに難しいことではあるまい。できるだけ現実の言語生活に近い言語活動を取り出して、それを通してどんな言語能力をつけるかを明確にすればいいのである。或いは、習得されるべき国語能力を学習内容として設定しておき、そのためには、どのような言語活動を、学習活動として組織したらよいかを考えればいいのである。しかし、折衷案の工夫では、問題は何も解決しないであろう。

もちろん、そのような折衷案も必要なことかも知れない。否、現実には、一つの単元の具体的な言語活動として、言語活動主義と言語能力主義との同時相関的な成立を図る―それしかないのかも知れない。

しかし、問題は、時枝の言語過程説に立つ言語能力主義は、日常的な言語活動の中に解消されるものだったのだろうか。具体的に言うと、時枝が言語過程説を通して見据えていた言語能力は、文部省第二次試案に示された「国語能力表」の中に組み込まれるようなものだったのだろうか。改めて、時枝の求めた言語能力とはどのようなものであったかについて検討していこう。

② 時枝誠記の経験主義批判

言語活動を重視した経験主義の新教育に対して、時枝誠記は、言語過程説という独自の言語理論に立ち、文部省第一次試案の目標設定に関して、次のように言う。

> 戦後の国語の教育は、国語教育の任務を、児童・生徒に、豊富な経験を与へることであるとした。これは、学校教育の仕事を、社会生活の延長として考へたことになるのである。（略）学校は、社会生活と同様な経験の場ではない。（略）訓練、練習といふことが、当然要求されて来る所以である。（注10）

つまり、時枝は、「時間の制約」のある学校においては、「国語教育は訓練教科だ」と言うのである。そして、さらに「言語は、常に目的を有する行為であるから、その根底に、必ず、話手聞手の技術を予想するのである。」として、「国語教育は、技術教育である」とする。

この時枝の、経験主義新教育に対する批判的な立場からの提言は、言語活動主義・言語生活主義に対する技術主義・能力主義からの批判として受け取られてきた。確かに、時枝の国語教育理論は、国語学習を主体の言語経験・言語活動を通して成立させるという学習理論ではなかった。言いかえると、学習を、主体の経験を通して成立させるという学習理論ではなかった。それは、学習は主体の経験を通して成立するという学習成立のセオリーに関する視点を欠いているのである。

当時、国語教育界に大きな影響力を持っていたのは、すでに昭和12（1937）年、「文芸主義と言語活動主義」（注11）によって、言語活動主義の国語教育を提唱していた西尾実であった。特に、昭和22（1947）年3月の『言葉とその文化』の刊行、同年7月の論文「国語教育の構想」の発表など、次々と発表される西尾の音声言語を地盤領域とする言語生活主義の言語観・国語教育観の提唱は、敗戦後の混迷する国語教育界に一つの指針を与えて、新しい時代の動きをつくり出していたのである。その西尾の言語観、国語教育観の提唱は、戦後の文部省の第一次・第二次試案を意図的に支援したものではなかったかも知れない。しかし、その発言は、経験主義教育と相呼応するような形で、言語活動本位の国語教育を推し進めることにもなっていたのである。

そのような時代、時枝誠記は、言語活動を中心に展開する経験主義・言語活動主義の教育に対して批判的な立場からの発言を重ねた。しかし、時枝の「技術」「訓練」を前面に押し出した国語教育理論は、当時の国語教育界に容易に受け入れられなかったのは必然であった。後進の研究者からも、「読みにおける受容者の創造的参加を視野に入れた論述ではなかった（注12）とも、また「文学体験の、きわめて人間的な側面が時枝理論からは欠落していた」（注13）とも評されたのである。確かに、そのような側面のあることを否定することはできないであろう。

しかし、果たして、言語過程説に立つ言語活動及びその教育のあり方に関して、十分な検討がされたのだろうか。当時の文献を見ると、「表現の技術」「理解の技術」とその訓練―というところにばかり目がいってしまい、その言語活動とはどのようなものであるか、またそれを成立させる技術とはどのようなものかの検討はほとんどなされていないように思われるのである。

言語活動主義においても、言語能力主義においても、重要なのは、言語活動のあり方である。すべての鍵は、言語活動にある。そのことを思うと、「言語は、話手の表現活動（或は表現行為）そのものであり、また聞手の理解活動（或は理解行為）そのものである。」（注14）

(3) 時枝誠記における言語活動

① 時枝の「読む行為」

時枝は、くり返し「技術」「訓練」を口にし、後の昭和３８（１９６３）年6月『改稿国語教育の方法』では、自分の立場を「能力主義国語教育」ということばで更に明確にした。しかし、その時枝の能力主義は、正解到達的なマニュアルに合わせた「かた」（ハウ・トウ）の習得を強いるものでもなかったし、言語の形式的な操作を機械的にくり返すスキル学習でもなかった。『国語教育の方法』の中で、時枝は国語科の教育内容に関して次のように言う。

国語教師の任務は、児童生徒に、第三者的存在である言語を習得させ、或は、児童生徒が、外在する言語を使ひこなす技術を習得することではなくして、児童生徒が、音声または文字を以て、自己の思想感情を表現し、或は相手の思想感情を理解する能力と活動とを向上させ、完成させることである。このやうに見てくるならば、国語教育によって教育せらるべきことは、児童の活動それ自体であるといふことになる。

時枝は、読むことの領域においては、「読む」という行為を成立させる力をつけようとしているのである。これは当たり前のことだが、そのために、時枝は、「読む」という行為そのものの成立を重視しているのである。『国語学原論続編』の中の言語行為の分析の事例を見ても明らかなことだが、時枝自身、読む行為において、自ら一人の読み手として作品のことばとかかわり、自ら読みの可能性を開いていこうとしている。即ち、時枝は、読みを自ら実践しているのである。読む行為において、時枝は、自ら文脈を生成する読者であった。だから、例えば、「言語は、言語主体の実践的行為、活動としてのみ成立する」と言い、また「言語を研究」するということについて、それは「言語を行為し実践する主体的立場を観察することに他ならない」と言うのである。

よく知られている『国語学原論続編』中の芥川龍之介「蜘蛛の糸」の時枝の読みの場合を見てみよう。この作品については、片岡良一が、主人公カンダタは「慈悲心に徹すること」ができずに、「みにくい我欲にその慈悲心を曇らされた瞬間、救ひの糸は切れて、彼は再び堕地獄の痛苦を与へられた。（略）作者はお釈迦様と一緒に嘆息するのである。」と読んだのに対して、時枝は、片岡の解釈は「最も印象的な素材」に焦点を合わせた読みであって、「この物語の構成を辿って行く」ならば、「カンダタの堕地獄の一部始終は、お釈迦様の見聞の内容をなしてゐるに過ぎないもの」であって、「本筋は、……お釈迦様の行動とその心境の推移になければならない」と言う。つまり時枝は、言語作品である以上、物語に取り上げられている「素材」ではなく、作品を成立せしめている「構成」（作品の言語的な仕組み）を読むべきだと言うのである。すると、当然のことながら、読者主体の内には、カンダタではなく、お釈迦様が浮上してくる。そこで、時枝は、次のように言う。

お釈迦様といへども、絶対者ではなく、ただ「悲しそうなお顔をなさる」よりいたしかたがなかったのである。これは、明らかに超人的なものの否定と、人間絶対主義との主張である。

以上のことを踏まえて、時枝は、「伝達における客体的なものは、話手より聞手に与へられるものであって、話手と聞手とを結び、そこに人間関係を成立させるものは、客体的なものに即して表現される主体的なものである」と言う。即ち、「蜘蛛の糸」の場合、時枝は、作品を成立せしめている言語的要素としての「物語の構成」をとらえ、そこに、この物語に表現された「主体的な物」をとらえようとしているのである。

この読みの行為において、時枝は、「物語の構成」（物語を成立させている言語的要素としての構成）をとらえ、お釈迦様に視点を置いて、文脈を生成し（つまり、お釈迦様を浮上させ）、その文脈に意味を与えたのである。すなわち、この時枝の読みの行為を成立させた言語的能力は、①文章の言語的構造をとらえて、②文脈を形成し、③それに意味を与えるはたらきであった。

私見を述べるなら、私は、その能力は、技術と言うよりも、認知・思考あるいは表現を成立させる主体の言語的なはたらきと言うべきであろうと考えている。そして、その時枝の言う読みの技術（はたらき）は、つまりは「客体的なものに即して表現される主体的なもの」を理解するはたらきだと考えていいだろう。

言い換えると、それは、表現されている事がらを如何に理解するかの技術ではなく、表現者の内なる主体的なものを如何に理解するかのはたらきである。そしてそのはたらきは、「蜘蛛の糸」の解釈に見られるように、読みを通して自ら思想内容を形成していくという点で、読者主体にとっては、まさに自己創造的な能力だと言っていいだろう。

また、『国語学原論続編』において、時枝は、伝達を成立せしめる表現者・理解者の「主体的態度」の重要性を指摘して、「言語における技術とは、如何に表現するかの技術ではなくして、如何に相手を理解させるかの技術でなければならない」とし、更に「伝達の成否は、人格の根本に、その条件があると考へられる。」とまで言う。時枝が、言語能力というものを言語形式面の操作技術と考えていなかったことを示す文言だと言っていいだろう。

②　時枝の言語活動観

私は、特に時枝の国語教育観は、氏の存命中の昭和20・30年代においても、その真意は十分には理解されていなかったのではないかと考えている。即ち、時枝自身の「国語教育は手段についての教育である」「国語教育は訓練学科である」「国語教育は技術教育である」といった文言ゆえに、形式的な言語技術教育として受けとめられていたのではないかということである。しかし、前述したように、時枝は、決して言語技術を取り出して、それを機械的にくり返すような注入・訓練のために単元を組んだのではなかった。時枝は学習指導要領試案を論じる中で、次のように言う。

教育内容としての国語の事実から分析、抽出されたもののほかに、更にもっと根本的なものが存在することを忘れてはならない。それは、「読む」といふ作用に於ける根本的態度に関することである。（注15）

即ち、時枝は、国語科の「基礎学力」としての「基礎的な能力、技術」のほかに、もっと重要なものとして「態度」があると言うのである。それはどのようなものか。

時枝は、国語科の「方法的単元」は、「国語の諸事実によって規定される」としながらも、表現・理解の「具体的な方法の前に、その根底として表現者、理解者が絶えず自己の表現と理解とに対して、それらが正しく行はれてゐるかどうかを自問し、反省する態度が養はれることが大切である。」（注16）とする。即ち、「国語的実践の完成は、国語への習熟によって達成される」のだが、その習熟は「無反省・無自覚」に行われることが多く、したがって「学校教育は、この無反省、無自覚な国語的実践に絶えず批判、反省を加えさせて、その完成に努力さすことを主要な任務とする」（注17）と言うのである。読みの学習で言うと、「自分の理解が正しいものであるか、作者の言はうとしていることを歪曲してはゐないか、正しく読むためにはどういふ方法でなければならないか等を反省し、批判することが要求されなければならない」（注18）ということになる。

同様の趣旨のことは、『国語教育の方法』においても、「批判的精神の導入」「自己批判の機会の導入」というようなことばで強調されている。この自分の表現・理解の行為に対する厳しい「批判的態度の要請」が、基礎学力・言語能力の習得とならんで、時枝の国語教育観を形成する重要な視点であった。

読みの行為における対自的な自己批判の意識は、読み手としての主体的なはたらきであって、それは、読みの成立自体にもかかわってくることになる。すなわち、「国語教育は要するに伝達の成立に必要な技術と能力とを教育するものである」としながら、「伝達」は、文学作品の場合、「理解者の作用によって成立する」のであって、「読者の経験、教養によって、浅くもなれば、深くもなる」（注19）と言うのである。ということは、理解はきわめて主体的な行為だということだ。約言するなら、時枝は、言語経験を可能にする言語能力とともに言語行為における対自的な意識のはたらきや、主体的な自己形成のはたらきなど、言うならば言語行為における主体的なものを大事にしていたということである。先に基礎学力としてあげた基礎的・国語学的な能力も、実際にはそのような主体的な言語行為として実践されるということであって、時枝は、国語学習は、そのようなアクチュアルな言語活動として成立するということを認めていたのである。

3　時枝国語教育理論の提起したもの―「言語活動」の問い直しに向けて

時枝誠記は、戦後、新教育における「国語教育の出発点を、生活の一場面、経験の一場面に求めて、そこから国語的実践を展開させて教育の効果をはかろうといふ方法」を「生活単元」とし、「国語の学習活動の根源をすべて生活に求めるといふことは、学校教育のそもそもの使命に反すると言はなければならない。」（注20）と言う。そこで時枝は、「国語の基礎学力」を柱とし、それを習得させるための技術主義・能力主義に立つ単元学習を提示する。それは、具体的には、単元を、国語の基礎学力を習得するために、話す・聞く・読む・書くの領域ごとの言語活動を中心に組織するというものであった。
確かに、経験主義における学習指導は、現実生活の上で必要な言語経験を学習内容として展開したものであり、学習内容としての国語の基礎学力への配慮には欠けていたことは否めない。だから、時枝は、昭和29（1954）年の時点で（第二次試案までを視野に入れて）、「現行の指導要領に従へば、このやうな言語経験、ある選ばれた主題の解決を中心として展開し、言語経験に必要な技能は、右のような学習の展開の際に、訓練されるとするのである。（略）これは、経験と技能との関係を顛倒した考へ方」であって、「経験は、正しい技能の修得をもって、始めて確実な経験となることができる。」（注21）と言うのである。

経験と技能（能力）との関係で言うと、教育である以上、学習活動としての言語経験よりも、学習内容としての言語技能（言語能力）の方が先にあるのが当然であろう。先に見定めて学習内容とした技能を、経験を通して習得する、それが学習である。ただし、そこには、次の二つの問題がある。

その一つは、言語技能が本当に身につくのは、主体にとってリアリティーのある言語経験を通してであるということである。読みを成立させる技能は、主体の読む行為を通して習得されるのである。「訓練」ということで言うと、それは、言語の「主体的・実践的立場の訓練」であって、決して言語形式を習得するための機械的な訓練ではない。主体にとって生きた言語活動であってこそ、初めて学習として価値ある経験と言えるのではないだろうか。

もう一つの問題は、学習においては、習得すべき学力が先に予定されているとは言え、その学力自体、実は経験を通して見出されるものだということである。読みに必要な技能は、主体の読む行為を通して見出されもするし、また見定められもするのである。生きた経験の中に、育つべき技能があると言ってもいいだろう。だから、幼児教育では、子どもの遊びや子どもがやりたいことを大事にするのである。

たとえ能力主義の立場に立とうとも、児童生徒にとって価値ある言語経験にはどのようなものがあるかの掘り起こしから、その経験を通して、主体の内にどのような技能・能力が形成されるか、すなわち、その経験にはどのような教育的価値があるかを、習得すべき学力の視点からとらえておく必要があるだろう。

時枝誠記の能力主義からの提言は、「言語は、言語主体の実践的行為、活動としてのみ成立する」という言語過程説に立つものであり、主体の実践的行為としての言語活動のあり方に関する見識に基づくものであった。言語活動を学習活動（学習方法）とすると共に、それ自体を学習内容とする国語教育にとっては、その成立の根幹にかかわる重要な指摘として受けとめておかなければならないだろう。言語活動主義を出発点として、言語活動を学習活動の基軸として展開してきたわが国の国語教育にとって、時枝誠記の発言は、決して過去のものではない。経験主義批判に立つ時枝の提起した能力主義言語教育観は、学習活動としての言語活動のあり方を問い直すとともに、学習内容としての言語活動の本質を見据えていく上で、きわめて重要な視点を提示しているのである。

【注】

（1）時枝誠記「国語学習指導要領試案総説・講読編」（昭和23（1948）年3月『新しい教室』第三巻三号）
本稿の引用は、時枝『国語問題と国語教育』（昭和24（1949）年11月）に収録されたものによる

（2）時枝誠記『国語教育の方法』習文社　昭和29（1954）年4月

（3）同上1

（4）時枝誠記『国語学原論続編』岩波書店　昭和30（1955）年6月

（5）（6）同上1

（7）時枝誠記「国語教育に於ける誤られた総合主義と科学主義」（『国語国文学教育の動向』健文社　昭和24（1949）年5月）においても、総合的、生活的な単元学習を批判し、教育内容の分析を土台として学習を進めるべきことを説いている。

（8）（9）（10）同上2

（11）西尾実「文芸主義と言語活動主義」（岩波講座『国語教育』昭和12（1937）年3月

西尾実は、昭和22（1947）年7月、論文「国語教育の構想」（言語文化研究所『国語の教育』第一巻第一号）、昭和23（1948）年3月、論文「国語教育革新の問題」（『教育公論』明治図書）を発表し、さらに昭和26（1951）年1月、代表的著書『国語教育学の構想』を著して、言語生活主義の国語教育理論を確立して教育界をリードした。

補説　西尾・時枝の論争について

西尾実は、昭和21（1947）年10月26日の国語学会公開講演会（於：東京帝大法文経教室）で「ことばの実態」という題の講演を行い、それをもとに翌年の昭和22（1947）年3月『言葉とその文化』岩波書店を刊行。さらに同年7月「国語教育の構想」（言語文化研究所編『国語の教育』第1巻第1号）を発表していた。その西尾の国語学会での講演「ことばの実態」に対して、時枝誠記は、昭和22（1947）年12月『国語と国文学』（東京大学国文学研究室編）に「西尾実氏の『ことばの実態』について」を書いて批判し、西尾は、昭和23（1948）年4月、同誌上で「これからの国語教育の出発点―時枝誠記氏の批判に答えて―」を書いて応えた。その後、この二人は、「言語教育か文学教育か」の論争を展開することになる。

（12）田近洵一『戦後国語教育問題史』大修館書店　1991・12

（13）『現代国語教育論集成　時枝誠記』（浜本純一編）明治図書　1989年3月

(14) 同上2
(15) 同上4
(16)(17)(18)(20) 同上1
(19)(21) 同上2

追記

本論考は、早稲田大学における国語教育研究の基礎を確かなものにされた時枝誠記先生の、言語過程説に立つ国語教育理論の特質と、その史的位置とを明らかにすることを志向して始めたものの一端である。

時枝先生は、戦後の言語活動主義の教育に対して、批判的な立場から積極的な発言を続けられたのだが、その独自の言語理論に拠る国語教育理論についての検討は、これまで十分には行われてこなかった。しかし、「言語活動の充実」が重要な教育課題となっている今日、言語能力主義に立つ時枝国語教育理論については、改めて検討されなければならないのではないだろうか。昭和30年代、先生と言葉をかわさせていただいた者の一人として、感謝の気持ちを込めて本稿を記した。

付録

講演

幼児のことばの教育——

言葉の学びの原点—人とのかかわりを育て、子どもの心を育む言葉の教育

（習志野市立大久保東幼稚園）

教育の原点は、幼児教育にある。なぜなら、幼児の教育の内容は、目の前の幼児が、何に興味・関心を持っているか、学びへの意欲は育っているか、人間関係や知能の発達はどうかなど、現実の子どもを見るところから見出されるものだからだ。

教師・保育者の一人ひとりが子どもをどう見るかが、教育・保育の内容を決定する上で、最も大きなウエートを占める。言うならば、幼児教育の発想の土台は、学び手である子どもの側にある。子どもの側から、その教育は構想されるのである。

学校教育は、習得すべき文化的内容体系に即して、教える内容が先に設定してある。即ち、学習指導要領の指導事項を既定の教育内容として教授するのが学校教育である。

ことばの教育の原点も、幼児教育にある。教師・保育者は、教育・保育の内容を、子どもに即して明確に

する責任がある。特に、学び手である子どもの心理的な実態をどうとらえるかが、幼児教育の内容と性格とを決定する決め手となる。

子どもの発達とことば＝ことばが子どもを育てる

子どもの「もの言い」の意味

子どもがものを言うのは、何か言いたいことがあるからです。言いたいことがなければ、何も、ものは言いません。どんなことでも、ものを言うということは、心の中に、何か、言いたいことがあるということです。話すことで、子どもは自分の思いをことばではっきりさせるのです。大人は、そんな子どもの「もの言い」を大事にしてやらなければなりません。

自分の思いを「話す子」、人の話を「聞く子」を育てる

子どもは、ものを言うことで、他の誰かに、自分の思いを訴えます。自分の存在をはっきりさせようとします。ものを言うことは、子どもとしての自己主張であり、自己確認なのです。大人は、そのような子どもの自立への意思を受けとめてやり、その成長を認めてやらなければなりません。

自分の言いたいことをはっきりと言うこと

それは人に自分を明確にすることであり、子どもにとって、それはとても大事なことです。しかし、同時に、人の話を聞くことはさらに大事なことです。自分の言いたいことだけ言って、人の話を聞こうとしない子どもは、やがて自己中心的な人間になる心配があります。人は、聞くことで人を受け入れ（受容し）、自分の視野を

広げていくのです。そんな人の話を聞ける子を育てる基礎は幼児期にあります。しかも、「聞く子」を育てることは、自分の言いたいことを「話す子」を育てるよりも難しいことです。幼児期の保育・教育で、最も大事で、しかもむずかしいことなのです。

自立と協調

話すことは自立の心を育み、聞くことは協調の心を育みます。

家庭でも、幼稚園・保育所でも、子どもにできるだけまとまった話をさせる機会を作ってあげましょう。特に、幼稚園では、一人の子が前に出て話し、みんながそれを聞くという時間を作るようにしましょう。

ことばは、物事の認識や思考・判断を支え、コミュニケーションを成り立たせます。ことばが、子どもの知的な発達を支えているのです。

人前でものが言える子は、自分を主張できる子であり、自立の力のある子です。また、人の話が聞ける子は、人と共に行動できる子であり、共生の力のある子です。

みんなの前で自分のことを話すとか、家に帰って今日の出来事を話すといった活動など、子どもにとってはとても大事な活動です。

子どもと好奇心＝好奇心が子どもを育てる

好奇心は心の成長のバネ

子どもは、動くものを見つけると、すぐにつかまえたがります。そして、なんでも知りたがります。その好奇心が子どもを成長させます。

知識を与える前に、好奇心をかき立ててやることがだいじです。好奇心の旺盛な子どもは、まちがいなく成長します。好奇心が、知能を刺激し、活性化するからです。ことばの知識も、好奇心に支えられて、知りたいと思うから子どものものになるのです。

子どもの好奇心を育み、それに応えてやるのが、幼児教育のだいじな視点です。そのためには、まず、子どもの好奇心をかき立ててやらなければなりません。どうしたら、子どもの好奇心をはたらかせることができるのでしょうか。

好奇心をかき立てるもの・こととの出会い

そのためには、動物でもいいし植物でもいいから、まず、そのものをじかに見ることです。また、じかに経験したり、じかに手にとってみたりすることです。「何だろう」と思ったり、「おもしろい」「ふしぎだ」と思ったり、「どうしたらいいかな」と思ったりすることが、子どもの頭をはたらかせ、感性や理知の力を発達させるのです。

好奇心をかき立てる経験とことばの習得

子どもがおもしろいと思うことの中には、必ずその子の知的発達の芽があります。だから、子どものおもしろいと思う心のはたらきは、大事にしてやらなければなりません。子どもの新しい世界への扉を開くのは好奇心なのです。大人は、できるだけ子どもが好奇心を持つと思われるような経験を用意してやるようにしたいものです。それだけでなく、子どもの好奇心の幅を広げるようにしてもやりたいものです。そのような経験の中で知ったことばは、中身のあることばです。また、そのような経験の中でのことばのやりとりは、子どもにとって、とても価値のあることば体験です。経験とことばとが一つに結びついているからです。

子どもの問いをどう受けとめるか

好奇心は、未知のもの・ことへの問いを生みます。大人は、そんな子どもの問いを大事にしてやらなければなりません。うるさがらずに、よく聞いてあげましょう。そして、その場で答えてやるのがいいのか、子どもも自身に調べさせるのがいいのか、あるいはいっしょに調べるのがいいのか考えましょう。子どもにとっては、問いを持ち、それを追究することは、とても貴重な「学び」のチャンスなのです。

もの・こととじかに触れ合い、子どもの好奇心をかき立てることが、子どもの感性や知性の発達をうながします。好奇心は、すべての学びの、基礎であり、ことばの学びのエネルギーとなるものです。

子どもの問いをしっかりと受けとめてやりましょう。子どもの問いを大人が共有し、ともに調べるようなことができれば、それが最高の幼児の教育になります。

体験とことばの習得＝身につくのは、実の場のことば

ことばがわかるということは、世界がわかるということ

ひとは、自分のまわりの世界を、ことばで言い表します。ですから、ことばを知っているということは、それが言い表すものやことがわかるということであり、それだけよく、自分のまわりの世界がわかるということです。ですから、大人は子どもにできるだけたくさんのことばを教えようとします。それは、決して悪いことではありません。しかし、ことばだけを覚えさせようとしても、子どもの身にはつきません。

もの・こととのじかの出会いが、ことば学びの重要な契機である

ことばは、子どものもの・こととの出会いとともにあります。あるもの・こととじかに出会い、好奇心を持ってそのもの・ことを知りたいと思う時、子どもはことばを求めます。子どもにとって、ことばは、もの・ことそのものです。

ことばを知ることで、子どもはもの・ことを知ります。子どもの好奇心にことばが応えた時、そのことばは、子どものものになるのです。

> ことばを知識として教え込もうとしても、効果は期待できません。ことばの学びは、好奇心とともにあります。知りたい気持ちを育て、それに応えるようにして、ことばと出会わせること、そして、実際の場面で使うようにすることが大事です。

子どもは、もの・ことを、ことばに置き換えて知ります。ことばに置き換えた時、子どもはもの・ことを理解

すると同時に、そのことばを自分のものにするのです。言い換えますと、自分のじかの経験をことばで言い表した時、そのことばは、初めて子どものものになります。子どもにとって、そのことばは、初めて中身のあるものとして、子どもの身につくのです。**教え込むのではなく、実際の場で教え、使わせることがだいじです。**

遊びでもいいし、お手伝いでもいい、また、動物の飼育でもいいし、友だちとのお話でもいいのです。家庭や園内でのあらゆる直接経験の場が、ことばとの出会いの場です。教え込むのではなく、ことばと出会わせる、つまり、生きた実の場で使わせるのです。実の場では、必要だから、子どもはことばを受けとめ、また、自分をことばで表現します。そのことが、ことばをしっかりと身につけさせることになり、子どもを賢くもするのです。

子どもと遊び＝遊びを通して、こどもは自分の可能性を広げていく

子どもは、遊びを通して成長する

子どもにとって、遊びは、自分の可能性へのチャレンジです。おもしろそうだ、自分にできるかな、やってみよう……と思って、友だちの真似をしたり、自分なりにやり方を考えたり、新しい遊び方を工夫したり……、また、友だちと争ったり、力を合わせたり……、そんな遊びの中で子どもは、人に強いられることなく、自分の可能性にチャレンジしていきます。そして、自由に遊ぶことのおもしろさを知ると共に、ルールを守ることの必要性も学んでいくのです。

競争よりも、協調

幼児の場合も、遊びには、友だち同士でたがいの力や行動の速さを競うようなものもありますが、特に大事なのは、友だちといっしょに、協力しあって何かを作ったり、何かを演じたりする遊び（ごっこ遊び）です。競争

よりも、協調です。

コミュニケーションを充実させる遊び、

一人では遊べない子どもが増えていると言われますが、それよりも心配なのは、友だちと遊ぶのが下手な子どもが増えていることです。ゲームなどの一人遊びよりも、友だちとの「群れ遊び」「ペア遊び」をとりいれることで、人と共に遊ぶことのたのしさに触れさせ、同時に、コミュニケーションの力を鍛えるようにしましょう。

しかも、遊びは、体力差・能力差によって生まれる優劣の差に、子どもがこだわらないようなものにする必要があります。特に、幼稚園・保育所では、たとえ競い合うようなことがあったとしても、優劣の差で子どもに心理的プレッシャーを与えないようにするにはどうするかを考えなければなりません。

また、遊びには、ゲームのように一人でやるもの（「一人遊び」）もありますが、子どもの成長にとって大事なのは、数人の友だちで遊ぶ「群れ遊び」であり、二人のペアで遊ぶ「共遊び」（ペア遊び）です。なぜなら、それらは、遊びを通して人とかかわり、人の気持ちを理解したり、人とのかかわり方を身につけたりしていくことにつながるからです。そして、そのような遊びを成り立たせるのが、友だちとの間のコミュニケーションです。わたしたちは、どのような遊びが、子どものコミュニケーションを活性化するのかを見なければなりません。

ごっこ遊びは、すぐれた文化的な経験

子どものコミュニケーションなしには成り立たない遊びの代表格が、二人以上の友だちといっしょに遊ぶ「ごっこ遊び」です。互いに相手を誰かに見立てて、その上で、ある者になりかわって行う「ペア遊び」としてのごっこ遊びは、対話劇にもつながるものです。子どもの想像力をかきたて、活動を創造的にします。

なお、絵本などの物語の登場人物になりかわってのごっこ遊びは、劇遊びに直結するものです。物語を頭の中で再構成しながら、キャラクターを自分なりにつくり出していくのですから、それをやること自体、子どもにとっては、すぐれた文化的な体験と言ってもいいでしょう。

能力差を超えた遊びを！

これらの遊びは、子どもの体力差・能力差を超えてできる遊びです。子どもに優劣の差を感じさせることは、子ども同士の人間関係の上から見ても、子どもの心理的な発達の上から見ても、決していいことではありません。そのことを考えると、優劣の差を超え、協力して楽しめるという点で、共同で行うさまざまな作業は、幼児期の子どもにとって大事ですが、それと並んで「ごっこ遊び」も、貴重な活動だと言えるでしょう。

人とのかかわりが、ことばのやりとりを必然とし、その中で、子どもはことばを身につけるとともに、人を思いやる心を育んでいきます。さまざまな人との人間関係こそは、人間らしいことばを育む豊かな土壌なのです。

そんな人間関係を育てるには、「対」のかかわりの場を設定してやることが大事です。さまざまな「ごっこ遊び」や「なりきり遊び」を開発してことばを媒介とした「群れ遊び」や「ペア遊び」

の充実を図りましょう。

双方向のコミュニケーションの力を育てる

人とのかかわりを通して、ことばを習得し、人間として成長する

人とのかかわりなしに、ことばの習得は成立しません。

人に何かを伝えようとしてものを言う、また、人の言うことをわかろうとして聞く。そのような人とのかかわりを通して、子どもはことばを身につけていきます。

ことばを覚えていくだけではありません。人とのかかわりは、人を受け入れる心、人を思いやる心を育みます。また、人とのかかわりの中で、自己を主張し、確立していく自立の力を育みます。

「対」の関係を育てる

人間関係を作っていく上で、特に大事なのは、一対一の「対」の関係です。「対」の関係というのは、二人が、対等の関係で結びついた関係です。ですから、二人が、ペアでいたとしても、どちらかが上でどちらかが下というような、上下や優劣の関係で結びついていたのでは、「対」の関係とは言えません。学校教育で、「双方向のコミュニケーション」ということが強調されますが、それは、「対」の関係の上に成り立つ伝え合い、通じ合いです。

ことばを仲立ちとした「群れ遊び」

前に述べた「群れ遊び」も「ペア遊び」も、友だちとのかかわりなしには成立しません。特に、ことばを仲立

ちとした「お店屋さんごっこ」や「お客さんごっこ」、さらには「探検隊ごっこ」「キャンプごっこ」など、みんなで分担してグループでやるようなごっこ遊びは、「群れ遊び」として価値あるものだと思います。

「対」の関係が基礎

ただし、気をつけなければならないのは、群れで遊んでいるように見えても、その中に、仲間はずれになっている子はいないかということです。いっしょに遊ぶグループやペアに対しては、能力の差で上下の関係が自然とできるようなことはないかを、いつも見ていてやる必要があります。つまり、重要なことは、「群れ」が、「対」の関係の上に成り立っているということです。「対」の関係が、人とのかかわりの基礎なのです。

「対」のかかわり方をさせる

「対」の人間関係を作っていくには、まず、一つのことを、二人が協力し合い、助け合ってやるようにすることです。たとえ、一人がイニシャチブ（主導権）をとっているように見えたとしても、もう一人が遠慮なくものが言えていれば、そこには「対」の関係ができていると言っていいでしょう。

双方向のコミュニケーション

「対」のかかわり方をさせるには、二人でいっしょにお店屋さんごっこの準備をするとか、「しろいうさぎとくろいうさぎ」や「がまくんとかえるくん」になりきって、二人で「なりきり遊び」をするとか……、二人の間で、双方向のコミュニケーションが成り立つような場面を設定してやるといいでしょう。それが、やがて、異質なもの同士が、共に学び合う対話への道筋を作ることにもなるでしょう。

教師や保育者の仕事は、「対」の関係が成立するような場を設定してやることです。場があれば、子どもは遊びます。「対」の関係の遊びの中に、ことばのやりとりが生まれ、人を思いやる心も育つのです。

おわりに＝暮らしの中の「ことば育て」

思いやりの言葉は、思いやりの心に根ざす

ことばを使うことは、人間にとって、生活そのものです。ことばを折り目正しく使うことは、生活を折り目正しく送ることであり、思いやり豊かなことばを使うことは、人間的な生活を送ることです。

あいさつができるかできないかは、しっかりした生活ができているかどうかの問題です。

ことばが乱れているのは、心が荒れているということであり、生活が乱れているということです。

大人は先生

子どもは、生活の中で、ことばを身につけていきます。その生活をリードしているのは、大人です。大人の言葉遣いが、子どもに大きな影響を持つということを忘れてはなりません。

子どもにとって、すべての大人が、ことばの先生です。子どもは、本来、親や教師のはたらきかけを待っているのです。わたしたちは、子どもにはたらきかけることが好きな大人でありたいと思います。

やさしくあたたかな思いやりの心で

おもしろい本があったら、読み聞かせをしてあげましょう。読み聞かせをすると、大人もその本のおもしろさに、改めて気づくでしょう。大人も、読み聞かせが好きになるはずです。わたしたちは、そんな大人でありたいと思います。

また、子どもの話を引き出して、聞いてあげるようにしましょう。大人が聞いてくれるから、子どもは話すのです。子どもの話の聞き手であるということも、大人の大事な役割だということを、忘れないようにしましょう。

子どもの健全な心とことばとは、大人の、やさしくてあたたかな思いやりの中で育つのです。

あとがき

本書には、私の国語教育に関する論稿のうち、実践のあり方に関する歴史的、あるいは理論的追究を中心に集めた。私は、実践のあり方を論じても、その根底には、過去の蓄積としての歴史があり、教育観に支えられた理論的根拠がなければならないと思っている。論考を書くということは、そういう自分を自ら検証することにほかならならない。その意味では、本書はまだまだ未熟の誹りを免れ得ないのかも知れない。しかし、ともかく私は終着駅に近づいた。この後書きとともに、自分の追究の跡を振り返り、さらに新しい一歩を踏み出したいと思っている。

単著は、おそらくこれが最後になると思われるので、最近求められて書いた私の若い頃の思い出の一節であるが、教師という仕事への思いを記したものとして、ここに引き写すことをお許しいただきたい。

私が（略）自覚的に教師への道を進むようになったのには、少・青年期におけるたくさんの我が師との出会いがあったからのように思われます。ここには、その中のいくつかの出会いを記しておきたいと思います。

少年時代、私は、いわゆる軍国少年でした。しかも、自分で言うのもおこがましいのですが、かなり優秀な軍国少年でした。

中学校（旧制）の一年生の夏、戦争は終わりましたが、それが間違いない事実だとは分かっていても、私たちは、その事実を容易には受け入れようとしませんでした。終戦の翌日も、相変わらず軍のための勤労動員に出掛けて行き、途中、お百姓さんにまだそんな馬鹿らしいことをしているのかと言って、嘲られたほどでした。私たちは、それほど心理的にもすっかり戦時体制に組み込まれていたのでした。今思うと、我ながら哀れに思えて来るのですが、九州の片田舎の中学生をそのようにしたのは、戦時下における、まさに教育の力でした。（略）

軍国主義一色のきびしさの中ではありましたが、授業の中で、私たち子どもの意見をよく聞き入れてくれた教師がいました。子どもと一緒に畑を耕し、農具の手入れをし、汗水流して働くことを共にする教師がいました。一人ひとりの子どもの性格をよく理解し、引き立ててくれた教師がいました。そんな教師たちは、いずれも子どもの考えや想像を大事にしてくれる教師たちでした。戦時体制下にありながら、私は、先生たちと人間的な出会いをしていたのです。軍国主義教育の中ではありましたが、そんな教師たちとの出会いがなかったら、私は教師になってはいなかったでしょう。（略）

中学校三年生の時だったと思います。南方のビルマ（ミャンマー）かタイから、遅くなって復員し、教壇に復帰した教師がいました。彼は、動員で入隊するまで、多くの中学生や女学生に尊敬され、慕われていた教師でした。その教師が、復員して教壇に立った最初の時間、軍人として戦争に参加し、戦場において自分が行った非人間的な行為を語って、生徒たちの前で号泣しました。今思い出しても、それは異様な光景でした。そして彼の懺悔はここに書くのも憚れるような残忍な行為でしたが、中学生の私たちはみんな納得しました。戦争という状況の中では、人間の心なんか全く無力なのです。否、状況にはめ込めれた人間の心は、状況に応じて如何ようにも変容・変質してしまうのです。中学生の私は、そのことを深く胸に刻みました。

そして、中学生の前で懺悔し号泣した教師の姿は、自分が教壇に立つことになった時も、頭から離れませんでした。強固な体制下に於いて、個人は全く無力ではあるが、しかし、そのことを前提としつつも、生徒の前で懺悔することのない教師であるにはどうでなければならないか、そのことを私は自らに問うのです。

大學を出て、私は小学校の代用教員になりました。実は、高校への就職がほとんど決まりかけていたのですが、大学の非常勤講師として来ておられた増渕恆吉先生に「まず、小学校の教壇に立て」と強く言われて、免許状もなしの就職でした。でも、小学校の現場に立ったおかげで、「教える」とはどういうことかということを、実にたくさん、自分の体験を通して学びました。（後略）

少年少女の時代に「銃後の子供」として戦争を体験し、敗戦後は、まさに『遅れてきた青年』（大江健三郎）として戦後を生きねばならなかった子供達は、もしかしたら不幸だったのかも知れない。中には、石原慎太郎のように、時代から抜け出て活躍した人もいた。しかし、多くは、遅れてきただけに、第一次戦後派の人たちの華々しい活躍を後ろから冷静に見て、「何が本当か」、そして「何が本物か」をじっと見続けてきた。それが正しかったとは、決して言わない。しかし、そのおかげで、やがて起こる、むしろアナーキーな学生運動の理論にも、正対し続けることができたのだと思う。

教育界では、国の文部行政の力は絶大で、教育方針もいつの間にか逆転していたりする。しかし、そんな中でも、子供の前に立つ時、いつの時代でも、現場の教師の関心は、子供の方を向いている。それが現場の教師の本当の心の有り様だ。それが、大事なのだ。だからこそ私は、現場の先生方に言いたい。

子供の目を見つめて、子供の思いを知り、自分の子供以上に、教室の子供の思いを受け止めてやろうとするのが現場の先生方です。今日も、教室の子供の思いにかなうことを願って、子供の前に立っておられることと思います。勤務時間を過ぎたら帰るように言われても、なかなか帰るわけにいかず、教材研究も十分にできないというのが実情ではないでしょうか。しかし、それでも、その教室の現場にこそ、教育の真実はあるのです。

子供の内なる本当の思いを知っているのは、現場の先生方なのです。先生方にこそ、教育を動かす力があるのです。その力の蓄積が、やがては、教育現場を動かす力となることを信じたいと思います。

ＡＩの時代でも、教育現場の教師は、子供の内なる思いに身を寄せて欲しい。そして、時代を貫く教育の真実を、我が命として語って欲しい。それができるのは、教師だけだからだ。

おそらくこれが私の最後の単著となるだろうと思いながら本書をまとめた。本書をまとめながら思うことをここに記した。駄文をお許しいただきたい。

本書には、最終章に、国語教育学の基礎とも言うべき歴史研究にかかわる論稿を収録した。本書をもって、私は研究者としての筆を擱くが、国語教育の「今」を「今」あらしめた先達のご苦労に、心からの敬意と感謝の誠を捧げたい。

なお、本書は、東洋館出版社の編集長・大場亨氏、五十嵐康生氏のご尽力でようやく刊行の運びとなった。単著の十二冊目である。まとめてみたら、私にとっては、大事な最後の一書となったように思う。東洋館の方々のお勧めがなかったら、おそらく日の目を見なかったであろう。ここに心からの感謝の意を表したいと思う次第である。

初出一覧

一　「国語」の授業改革―「問い」を立て、追究する

「問い」を立て、追究する説明文の読み　……新稿（筑波大学附属小『教育研究』二〇一六・八）
「問い」を立てる―説明文（情報テキスト）の場合　新稿（元稿は、主として都内での講演）
「問い」を立て、「追究する過程」としての学び（文学の読みの学習）新稿（同右）
「問い」を生む〈読み〉―「問い」を立て追究する文学の〈読み〉の成立のために　……新稿（元稿は、八王子市小学校国語研究会等での講演による）
「問い」を立てる―文学テキストの読みの場合　……新稿（同右）
（講演）文学の読みの授業　……（元稿は、長野県国語教育学会講演、二〇一四・八）
「問い」を立て、「追究する過程」としての国語学習……（日本国語教育学会『月刊国語教育研究』二〇一八・三、山口大学、講演）
子どもが生きる〈創造の読み〉の授業　……新稿（講演・平井西小、二〇一〇・一〇）

二　情報リテラシーの開発―国語科・授業改造論を柱として

国語教育復興論―子どものことばの現実から　……（明治図書『教育科学国語教育』二〇〇七・一）
情報の処理・活用の教育　……（坂元昂他編『教育の情報化と情報教育の展開』才能開発教育研究財団、一九九一・六―六）

情報化に対応する国語科―ことばの学習としての情報受容・活用教育の実践　……（東京法令出版『月刊国語教育』一九九〇）

自己学習力としての情報活用能力の育成　……（明治図書『教育科学国語教育』一九九六・七）

講演国語教育における「情報リテラシー」の開発　……（大阪教育大、講演）二〇一七・六）

言語活用力育成の視点からの情報活用活動　……元稿（台東区立蔵前小学校、二〇一五・一一）

国語教育の革新―カリキュラムの見直し　……（筑波大学附属小学校、初等教育研究会『教育研究』二〇〇五・五）

三　学力観の新視点―明日をのぞむ学力観の構築

国語学力に関する研究の史的展開と今後の課題　……（全国大学国語教育学会『国語教育学における調査研究』二〇〇二・六）

基礎・基本の学力―国語学力論（1）　……（日本国語教育学会『月刊国語教育研究』一九九五・一〇）

価値生成にはたらく「機能としての言語能力」―国語学力論（2）　……（教育調査研究所『教育展望』）

学力としての〈自立と共生〉の力　……（日本国語教育学会『月刊国語教育研究』一九九五・一〇）

他者＝異質性を受容する能力を育てる―国語学力論（3）　……（『国語教育の再生と創造』教育出版、一九九六・二）

ことばの危機の克服と国語学力の育成　……（日本国語教育学会『月刊国語教育研究』二〇〇九・三）

四　「創造」の国語教育学―歴史をふまえて、明日を問う

言語生活主義教育の再構築─グローバリゼーションと国語教育のアイデンティティー　……（『国語教育を国際社会へひらく』渓水社、二〇〇八・三）
国語科目標論に関する研究の成果と展望　……（全国大学国語教育学会『国語科教育学の成果と展望』二〇〇二年、六）
国語教育原論─「創造の過程」としての国語教育　……（小海永二『ル・ファール』れんが書房新社、二〇一一・一〇）
言語活動主義と言語能力主義─時枝誠記の「学習指導要領試案」をめぐって　……（早稲田大学国語教育学会誌）
参考（講演）ことばの学びの原点─　幼児のことばの教育……（習志野市立大久保東幼稚園、二〇〇八・一一）
資料1　学び手を育てる教育としての評価　……（明治図書『教育科学国語教育』一九九三・一二）
2　国語教育における創造性　……（全日本国語教育学会『季刊国語教育研究誌』一九七四・一）

著者紹介

田近洵一　たぢかじゅんいち

昭和八（一九三三）年三月一日、長崎県島原市に生まれる。

横浜国立大学卒業後、川崎市・東京都で、小・中・高の教壇に立つ。横浜国立大学助教授、東京学芸大学教授、早稲田大学特任教授を歴任。

その間、筑波大学、上智大学、都留文科大学、東京女子大学、日本女子大学等の非常勤講師を務める。東京学芸大学名誉教授。

［所属学会］日本文学協会（前委員長）、全国大学国語教育学会（常任理事）、日本国語教育学会（前会長）、国語教育史学会（会長）等。

［著書］『言語行動主体の形成──国語教育への視座』（新光閣、一九七五）

『現代国語教育への視角』（教育出版、一九八二）

『文学教育の構想』（明治図書、一九八五）

『戦後国語教育問題史』（大修館、一九九一）

『読み手を育てる──読者論から読書行為論へ』（明治図書、一九九三）

『創造の〈読み〉──読書行為をひらく文学の授業』（東洋館出版社、一九九六）

『［自立と共生］の国語教育』（光文書院、一九九六）

『国語教育の方法──ことばの学びの成立』（国土社、一九九七）

『創造の〈読み〉新論』（東洋館出版社、二〇一三）

『現代国語教育史研究』（冨山房、二〇一三）

『生活主義国語教育の再生と創造』（三省堂、二〇二二）

その他、一〇〇冊余の共編著がある。

国語教育革新の視点
—「学び」を通して、人間として生きる—

2022(令和4)年7月31日　初版第1刷発行

著　　者：田近洵一
発 行 者：錦織圭之介
発 行 所：株式会社　東洋館出版社
〒113-0021　東京都文京区本駒込5丁目16番7号
営業部　電話 03-3823-9206　FAX 03-3823-9208
編集部　電話 03-3823-9207　FAX 03-3823-9209
振　替　00180-7-96823
U R L　https://www.toyokan.co.jp
印刷・製本：藤原印刷株式会社
装幀・本文デザイン：藤原印刷株式会社

ISBN978-4-491-04957-1　Printed in Japan